まいにちかわいい
赤ちゃんの小物

CONTENTS

 A … プチスタイ… 4

 B … シンプルスタイ… 8

 C … アップリケつきスタイ… 12

 D … 刺しゅう入りスタイ… 16

 E … タオルクリップ… 17

 F … えりつきスタイ… 22

 G … お食事スタイ… 23

 H … スモック… 26

 I … 動物スタイ… 30

 J … マフラー風スタイ… 31

 K … エンジェルスタイ… 36

 L … およばれスタイ… 37

 M … 帽子&スタイ… 42

 N … ボネット… 46

 O … ヒツジ風帽子、海賊風帽子… 47

 P … チューリップハット&ブルマー… 52

 Q … とんがり帽子… 56

 R … 帽子&ブーティ… 60

 S … フードつきケープ… 64

 T … ブーティ… 68

 U … シンプルおくるみ… 69

 V … 短肌着&おくるみ… 72

 W … おくるみ2種… 76

 X … モモンガ風おくるみ… 80

 Y … 長肌着… 84

 Z … ベビートイ&おむつかえシート… 88

作り始める前に

布について／布を裁つ前に（水通し＆地直し） ……… 92
ソーイングに必要な道具と用具／接着芯、キルト芯について ……… 93
縫うときのポイント（ミシン、手縫い） ……… 94
パイピング ……… 95

ONE POINT!

フェルトと刺しゅう糸 ……… 7
スナップボタンとマジックテープのつけ方 ……… 25
ナイロン地やラミネートを縫うとき ……… 29
かわいい材料 ……… 29
縫い代のカーブに切り込みを入れる ……… 32
ステッチの刺し方とアップリケ（たてまつり） ……… 33
手縫いで縫うとき（半返し縫い、本返し縫い） ……… 34
テープとブレード ……… 48
バイアステープの作り方 ……… 49
図案の写し方 ……… 63
型紙の使い方 ……… 83

サイズ表

月　齢	新生児	3カ月	6カ月	12カ月
身　長	50cm	60cm	70cm	75cm
体　重	3kg	6kg	9kg	10kg
足の大きさ	7cm	9cm	11cm	12cm
頭まわり	34cm	41cm	45cm	47cm

＊サイズ、月齢は目安です。赤ちゃんに合ったサイズで作ってください。

A

プチスタイ

生まれたばかりの小さな赤ちゃんに、
ぴったりサイズの小さなスタイ。
ふわふわなワッフル地のまわりを
カラフルなバイアステープで縁取りすれば、
あっという間に完成！

Design～ Coucou！　How to make～ P.6

P.4と同じパターンを使い、生地をオーガニックコットンに。
小さなアップリケは、フェルトを刺しゅうでとめながら作ります。
これなら初めてさんにも手軽に始められそう。

A プチスタイ

Photo〜 P.4・5　Size〜 約17cm×14cm(ひもを除く)

※①、②のワッフル地は洗うと縮むので、水通し&地直しのため、必要寸法より多めに表示しています。

①材料
表布、裏布(ワッフル地・白)45cm×25cm
0.6cm 幅のバイアステープ
　(赤系花柄プリント)約105cm

③材料
表布(オーガニックコットンダブルガーゼ・
ピンク系ボーダー)18cm×15cm
裏布(オーガニックコットンガーゼ・生成り)
　36cm×15cm
0.6cm 幅のバイアステープ
　(ベージュ系ストライプ)約105cm
フェルト(洗えるタイプ・赤)
25番刺しゅう糸(黒)

②材料
表布、裏布(ワッフル地・白)45cm×25cm
0.6cm 幅のバイアステープ
　(青系花柄プリント)約105cm

④材料
表布(オーガニックコットンダブルガーゼ・
ブルー系ボーダー)18cm×15cm
裏布(オーガニックコットンガーゼ・生成り)
　36cm×15cm
0.6cm 幅のバイアステープ
　(ベージュ系ストライプ)約105cm
フェルト(洗えるタイプ・黄)
25番刺しゅう糸(黒、白)

《①、②の作り方》

1. 表布、裏布のワッフル地を水通しする
水通し&地直し→P.92

2. 布を裁つ　※布は裁ち切り　単位はcm
1.で生地が縮むため、材料の用丈と異なる

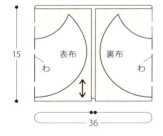

3. 表布、裏布を外表に合わせ、えりぐりをバイアステープでパイピングする
パイピングA→P.95

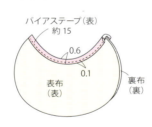

4. バイアステープで外まわりをパイピングし、続けてひもを作る
パイピングB→P.95

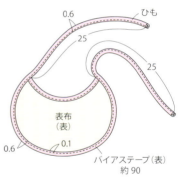

5. ひもの端を三つ折り縫いする

《③、④の作り方》

1. 布を裁つ　※布は裁ち切り　単位はcm

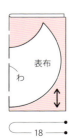

2. 表布にアップリケと刺しゅうをする

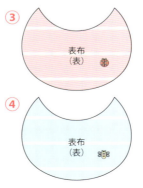

3. 表布と裏布2枚の計3枚を合わせ、えりぐりをバイアステープでパイピングする
パイピングA→P.95

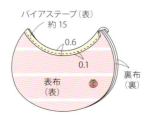

4. ①、②の 4. 5. と同様に作る

ONE POINT!

フェルトと刺しゅう糸

フェルトは洗濯による色落ちや縮みを防ぐ洗えるタイプを、刺しゅう糸は細い糸6本をより合わせて1本にした25番刺しゅう糸を、針は刺しゅう用の針を使います。刺しゅうで2本どり、3本どりなどの表示は、6本のうち2本、3本を使うという意味。 刺しやすい長さ(50cm程度)にカットし、1本ずつ引き出して使います。

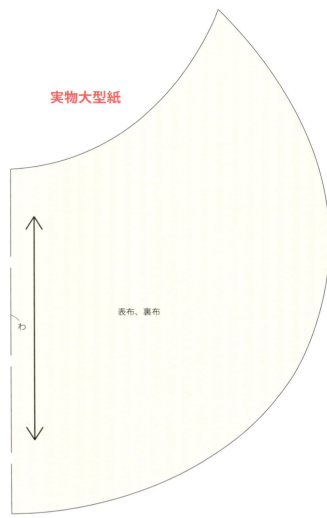

実物大型紙

表布、裏布

わ

実物大アップリケと刺しゅう図案

※フェルトは裁ち切り
★のステッチでフェルトをアップリケする
刺しゅう糸は、すべて3本どり
ステッチの刺し方→P.33

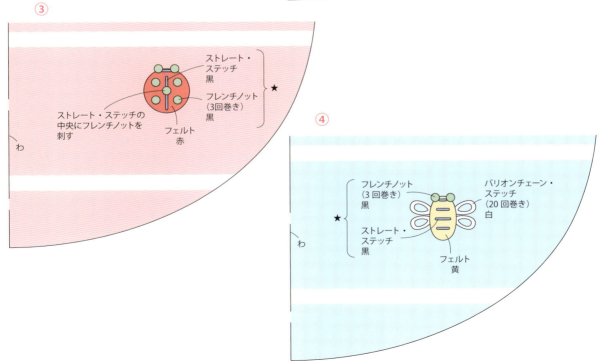

B

シンプルスタイ

プリント布で縫うだけのシンプルなデザイン。
スナップボタンの片方は、2カ所につけて
長さ調節ができるようにしているので、
赤ちゃんの成長に合わせて長く使えます。

Design〜 **Coucou !**
How to make〜 **P.10**

P.8と同じパターンを使い、少し伸縮性のあるネルで縫ったスタイ。
ちょこんと小さな木をアップリケするだけで、手作りのぬくもりを感じます。
パターン1つで生地をかえれば、全く違う印象のスタイが何枚も作れて便利です。

B シンプルスタイ

Photo～ P.8・9　　Pattern～ 実物大型紙A面　　Size～ 約20cm×29cm

※①、②の布は伸縮性があるので、スナップボタンをつける位置に力芯をはっています。
※③、④の表布は薄手のため、裏打ち布（表布に厚みや張りを持たせる）を用意します。

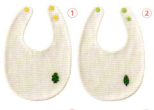

① 材料
表布、裏布（ネル・白）50cm×35cm
力芯（接着芯）7cm×2cm
直径1.3cmのスナップボタン（黄）
　ヘッド3個、凸1個、凹2個
フェルト（洗えるタイプ・グリーン）
25番刺しゅう糸（赤、茶）

② 材料
表布、裏布（ネル・白）50cm×35cm
力芯（接着芯）7cm×2cm
直径1.3cmのスナップボタン（グリーン）
　ヘッド3個、凸1個、凹2個
フェルト（洗えるタイプ・グリーン）
25番刺しゅう糸（オレンジ、茶）

③ 材料
表布（木綿・赤系花柄）25cm×35cm
裏布（木綿・赤×白のギンガムチェック）
　25cm×35cm
裏打ち布（ガーゼ・生成り）25cm×35cm
直径1.3cmのスナップボタン（ピンク）
　ヘッド3個、凸1個、凹2個

④ 材料
表布（木綿・青系花柄）25cm×35cm
裏布（木綿・紺×白のストライプ）25cm×35cm
裏打ち布（ガーゼ・生成り）25cm×35cm
直径1.3cmのスナップボタン（水色）
　ヘッド3個、凸1個、凹2個

《①、②の作り方》

1. 布を裁つ　※布は縫い代を1cmつけて裁つ　単位はcm

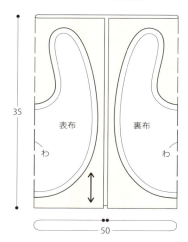

2. 表布（表）にアップリケと刺しゅう、裏布（裏）に力芯をつける

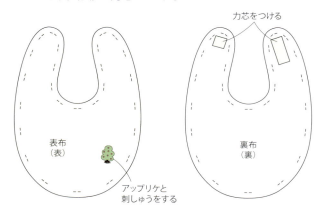

3. 表布と裏布を縫い合わせる

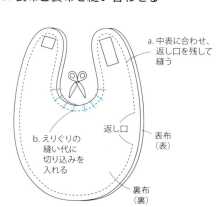

4. 仕上げる

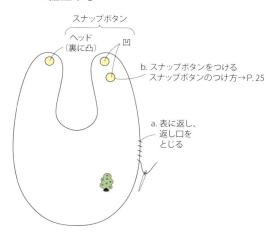

《③、④の作り方》

1. 布を裁つ ※布は縫い代を1cmつけて裁つ
単位はcm

2. 表布、裏布、裏打ち布の計3枚を縫い合わせる

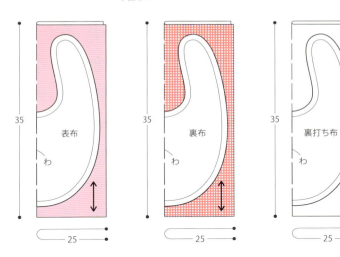

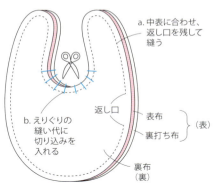

3. P.10 ①、②の **4.** と同様に作る

①、② 実物大アップリケと刺しゅう図案

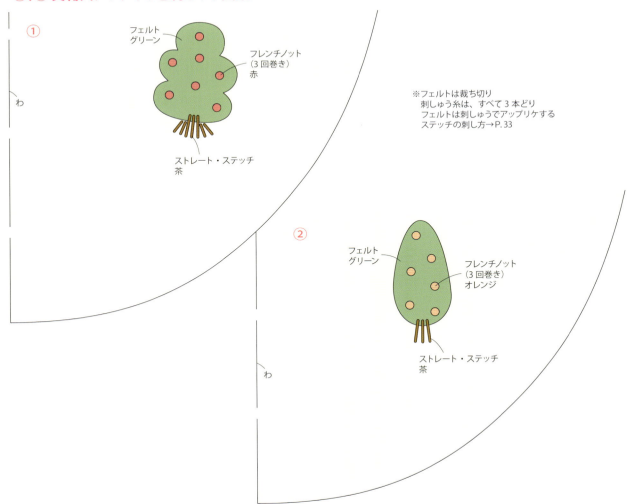

※フェルトは裁ち切り
刺しゅう糸は、すべて3本どり
フェルトは刺しゅうでアップリケする
ステッチの刺し方→P.33

C

アップリケつきスタイ

ネコやヒツジ、イヌをフェルトでふんわりと。
周囲のモチーフは無地やプリント柄など
好みの布を使ってアップリケをします。
今日はどのスタイにしようか、選ぶのも楽しい。

Design〜 大角羊子
How to make〜 P.14

C アップリケつきスタイ

Photo～ P.12・13　Pattern～ 実物大型紙A面　Size～ 約21cm×27cm

①材料
表布(木綿・緑×白の水玉)25cm×30cm
裏布(木綿・黄緑×白のチェック)25cm×30cm
接着芯25cm×30cm
直径1.5cmのスナップボタン(白)1組
アップリケ用
　フェルト(洗えるタイプ・白)
　木綿(花柄プリント2種、ブルーの無地)
　糸(フェルト、布と同色系の25番刺しゅう糸)
刺しゅう用　25番刺しゅう糸(赤、黄)

②材料
表布(ハーフリネン・ピンク×ベージュの水玉)25cm×30cm
裏布(オーガニックコットンガーゼ・生成り)25cm×30cm
接着芯25cm×30cm
直径1.5cmのスナップボタン(ピンク×白の水玉)1組
アップリケ用
　フェルト(洗えるタイプ・うすだいだい)
　木綿(花柄プリント3種)
　糸(フェルト、布と同色系の25番刺しゅう糸)
刺しゅう用　25番刺しゅう糸(ピンク)

③材料
表布(木綿・ブルー×白のストライプ)25cm×30cm
裏布(木綿・プリント柄)25cm×30cm
接着芯25cm×30cm
直径1.5cmのスナップボタン(水色)1組
アップリケ用
　フェルト(洗えるタイプ・ターコイズ)
　木綿(花柄プリント2種、プリント1種)
　糸(フェルト、布と同色系の25番刺しゅう糸)
刺しゅう用　25番刺しゅう糸(水色)

1. 布を裁つ
※布は縫い代を1cmつけて裁つ
単位はcm

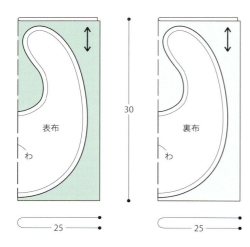

2. 表布に接着芯をはり、アップリケと刺しゅうをする

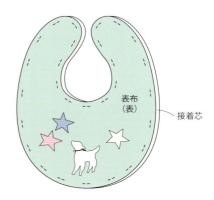

3. 表布と裏布を縫い合わせる

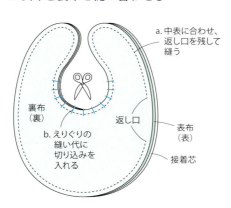

a. 中表に合わせ、返し口を残して縫う
b. えりぐりの縫い代に切り込みを入れる

4. 仕上げる

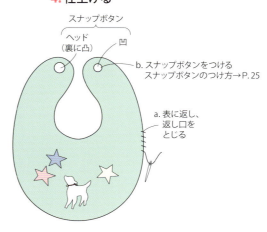

a. 表に返し、返し口をとじる
b. スナップボタンをつける
スナップボタンのつけ方→P.25

D

刺しゅう入りスタイ

ベージュのリネンで大人っぽい雰囲気のスタイ。
リンゴを持ったクマちゃんの刺しゅうは、
バック・ステッチやストレート・ステッチなど線刺しのものが中心です。
図案のアレンジで、リスと遊んでいるクマちゃんも紹介しているので、
好きな方を選んでください。

Design～ 大角羊子　How to make～ P.18

E

タオルクリップ

ハンドタオルをスタイがわりに使える便利品。
カエルやパンダは、赤ちゃんにおんぶする
ように作って元気いっぱいなイメージに。
下の3つはベルトの部分をチロリアンテープや
レースにし、かわいらしくしています。

Design～ 大角羊子　　How to make～ P.19～21

D 刺しゅう入りスタイ

Photo～ P.16　Size～ 約19cm×18cm（ひもを除く）

材料
表布（リネン・ベージュ）26cm×23cm
裏布（ガーゼ・サーモンピンク）26cm×23cm
1cm幅のバイアステープ（赤系花柄プリント）約80cm
25番刺しゅう糸（グリーン、赤、チャコールグレー）

図案のみ
25番刺しゅう糸（グリーン、黄緑、チャコールグレー、金茶）

1. 布を裁つ
※布は裁ち切り以外、縫い代を1cmつけて裁つ
単位はcm

2. 表布に刺しゅうをする

3. 表布、裏布を縫い合わせる
中表に合わせ、返し口を残して縫う

4. 表に返し、バイアステープでえりぐりをパイピングし、続けてひもを作る
パイピングB→P.95

5. ひもの端を三つ折り縫いする

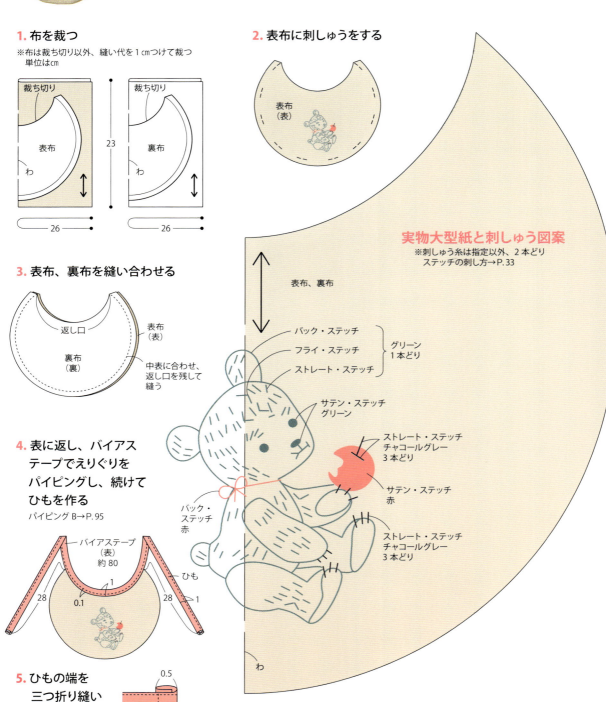

実物大型紙と刺しゅう図案
※刺しゅう糸は指定以外、2本どり
ステッチの刺し方→P.33

図案

E タオルクリップ

Photo～ P.17　　Pattern～ 実物大型紙A面　　Size～ ベルトの長さ27cm（金具を除く）

グリーンのカエルの
タオルクリップ

材料
ボディ、ベルト（フェルト・グリーン）18cm×18cm
口（フェルト・白）少々
25番刺しゅう糸（紺、フェルトと同色系）
とめ具（内径1cmのクリップ）1組
化繊綿少々
※フェルトは洗えるタイプを用意します。

左が綿レースのタオルクリップ以外に使用したとめ具（クリップ）。右のようなプラスチック製もあります。

1. フェルトを裁つ
※すべて裁ち切り。単位はcm
口は型紙を参照し、裁ち切りで裁つ

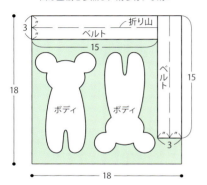

2. ベルトを作る
※まつる＝P.94のまつり縫いの要領で、同色の刺しゅう糸1本どりでとじ合わせる

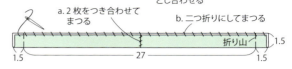

a. 2枚をつき合わせてまつる
b. 二つ折りにしてまつる

3. 前側にアップリケと刺しゅうをする

4. 仕上げる

a. ボディ2枚を外表に合わせ、顔に薄く綿を入れてまつる
b. ボディ2枚の間にベルトを通し、まつる
c. 残りのボディをまつる
d. とめ具を通してまつる

チェックのカエルのタオルクリップ

材料
ボディ、耳、足、ベルト（木綿・黄緑×生成りのチェック）35cm×25cm
口（洗えるタイプのフェルト・ピンク）少々
25番刺しゅう糸（紺、フェルトと同色系）
とめ具（内径1cmのクリップ）1組
化繊綿少々

1. 布を裁つ
※布は縫い代を0.7cmつけて裁つ
単位はcm
口は型紙を参照し、裁ち切りで裁つ

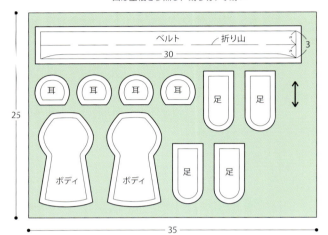

2. 耳、足、ベルトをそれぞれ中表に合わせ、返し口を残して縫い、返し口から表に返す

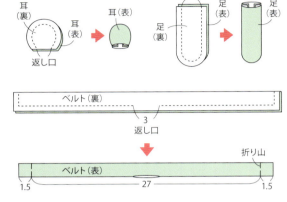

3. ボディの頭部分を縫い合わせる

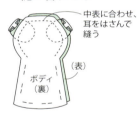

4. 仕上げる

a. 表に返し、首から下の縫い代を内側に折り、でき上がりの状態にする
b. 頭に薄く綿をつめ、ミシン糸1本どりでランニング・ステッチ ステッチの刺し方→P.33
c. 前側にアップリケと刺しゅうをする

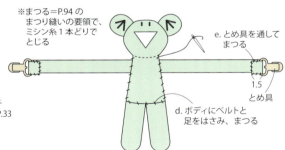

※まつる＝P.94のまつり縫いの要領で、ミシン糸1本どりでとじる
d. ボディにベルトと足をはさみ、まつる
e. とめ具を通してまつる

花柄プリントのタオルクリップ

材料 ★型紙なし
ベルト（ピンクの花柄プリント）60cm×8cm
1cm幅の白の綿テープ30cm
4cm幅の蝶型プラパーツ2個
とめ具（内径1cmのクリップ）1組

1. 布を裁つ ※単位はcm

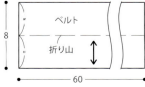

2. 折り山から中表に折って縫い、表に返す

3. 仕上げる

a. 綿テープ30cmをとめ具に通して縫う

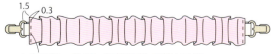
b. 布を通し、端0.7cmを内側に折って縫いつける

c. 表側にプラパーツを縫いつける

パンダのタオルクリップ

材料
耳、足、目、ベルト（フェルト・黒）18cm×15cm
頭、ボディ、しっぽ（フェルト・白）14cm×13cm
口（フェルト・ピンク）少々
25番刺しゅう糸（白、フェルトと同色系）
とめ具（内径1cmのクリップ）1組
化繊綿少々
※フェルトは洗えるタイプを用意します。

1. フェルトを裁つ
※指定以外は裁ち切りで裁つ
単位はcm
口は型紙を参照し、裁ち切りで裁つ

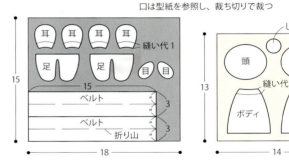

2. 前側にアップリケと刺しゅうをする

3. 各パーツをそれぞれ外表に合わせて縫う

※ベルトはP.19 グリーンのカエルのタオルクリップの2.と同様に作る

4. 仕上げる

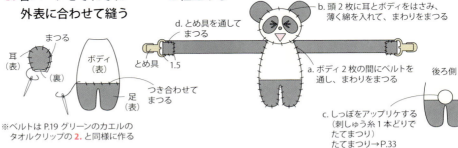

綿レースのタオルクリップ

材料
ベルト（2cm幅の綿レース・白）37cm
ベルト（2cm幅の綾テープ・水色）37cm
飾り用
　フェルト（洗えるタイプ・ピンク、黄緑、水色、チェリーピンク、オレンジ、黄）
25番刺しゅう糸（ピンク）
とめ具（内径2.1cmのクリップ）1組

1. 飾りの用意をする →実物大型紙参照

2. 仕上げる

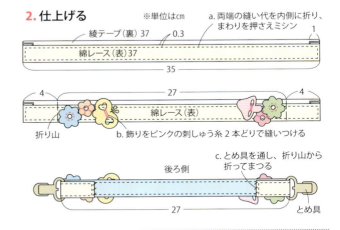

チロリアンテープのタオルクリップ

材料 ★型紙なし
ベルト（1.8cm幅のチロリアンテープ・ピンク系）56cm
とめ具（内径1cmのクリップ）1組

a・bの順に縫う ※単位はcm

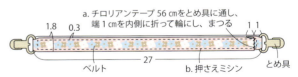

※まつる＝P.94のまつり縫いの要領で、フェルトは同色系の刺しゅう糸1本どり、布はミシン糸1本どりでとじる
（花柄プリント、パンダ、綿レース、チロリアンテープのタオルクリップ共通）

F
えりつきスタイ

離乳食を始めたばかりの赤ちゃんに、
ちょっとしたお出かけにもそのまま使えるおしゃれなスタイ。
後ろにマジックテープをつけているので、脱ぎ着も簡単です。

Design〜 Coucou!　　How to make〜 P.24

G

お食事スタイ

離乳食が進むにつれ、スタイも布の表面を
さっとふけるラミネートに。
ポケットにはワイヤーを入れていて、
食べこぼしをキャッチ！
自分でスプーンやフォークを持って食べるときにも
使えます。

Design 〜 Coucou!　　How to make 〜 P.35

F えりつきスタイ

Photo～ P.22　Pattern～ 実物大型紙A面　Size～ 着丈約29cm、前幅約29cm
※ワッフル地は洗うと縮むので、水通し＆地直しのため、多めに表示しています。タグは好みのものを用意します。

①材料
前、後ろ（ワッフル地・白）90cm×40cm
左右えり飾り、バイアス布（黄色系花柄プリント）75cm×75cm
2.5cm幅のマジックテープ（白）4cm
タグ（2.5cm幅のテープ・白×クローバー）約4cm

②材料
前、後ろ（ワッフル地・白）90cm×40cm
左右えり飾り、バイアス布（グリーン系花柄プリント）75cm×75cm
2.5cm幅のマジックテープ（白）4cm
タグ（2.5cm幅のテープ・白×クローバー）約4cm

1. 前、後ろのワッフル地を水通しする
水通し＆地直し→P.92

2. 布を裁つ　※布は指定以外、裁ち切りで裁つ
単位はcm
前、後ろは **1.** で生地が縮むため、材料の用丈と異なる

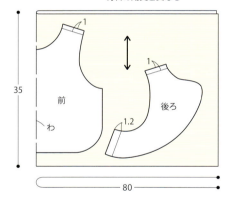

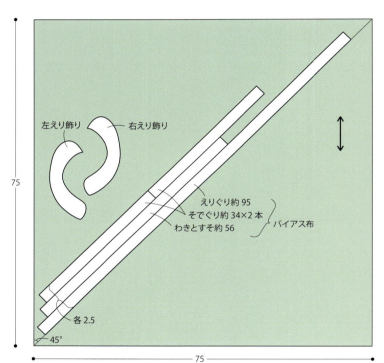

3. 前後の肩を縫い合わせる

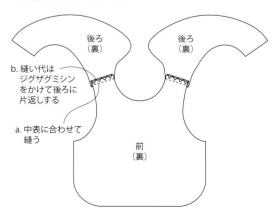

4. えりぐりにえり飾りをつける

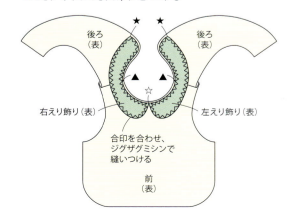

5. えりぐりとそでぐりをバイアス布でパイピングする
パイピング A→P.95

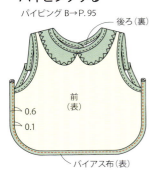

6. 前後を外表に重ね、わきを仮止めする

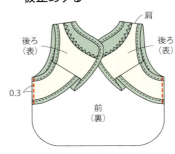

7. わきとすそをバイアス布でパイピングする
パイピング B→P.95

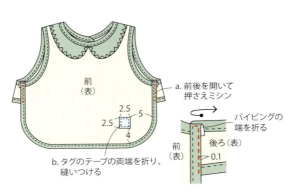

8. 仕上げる

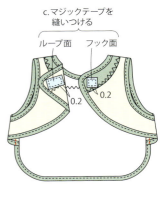

a. 前後を開いて押さえミシン
b. タグのテープの両端を折り、縫いつける
c. マジックテープを縫いつける

ONE POINT!

スナップボタンとマジックテープのつけ方

スナップボタン ワンタッチでつけられるタイプを使います。

❶ 1カ所にヘッド2個、凹（バネ）と凸（ゲンコ）各1個が必要。そのほかに、目打ちを用意する。

❷ 布はヘッドをつける側から、目打ちで穴をあける。

❸ ヘッドの先端を穴に差し込み、布を裏返す。凹をヘッドの先端にのせる。

❹ 指でパチンと音が鳴るまで、しっかりとはめ込む。

❺ でき上がり。凸も❷～❹と同様に、凹を凸にかえてつける。

マジックテープ

フック面とループ面でできています。縫うタイプと接着タイプがありますが、はがれてしまうといけないので、赤ちゃんには縫うタイプを使いましょう。

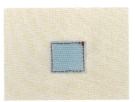

マジックテープを指定の寸法にカットし、布に重ねてまわりを縫います。ここでは、わかりやすいように色をかえていますが、実際にはマジックテープに近い色で縫いつけます。

実際の作品。マジックテープの角は肌にあたると痛いので少し曲線にカットしています。

H

スモック

自分で食べ始めると、服の袖を汚してしまうこともしばしば…。
そんなときに袖のついたスモックが重宝します。
マジックテープで脱ぎ着も簡単。
袖口にゴムを通しているので中の服を汚さず、食事の時間も楽しく過ごせそう。
2、3歳でも使える形なので、大きいサイズで作りました。

Size〜 身長80cm用、90cm用
Design〜 Coucou！　How to make〜 P.28

H スモック

Photo〜 P.26・27　　Pattern〜 実物大型紙B面　　Size〜 身長80cm用／着丈33cm　胸囲約81cm　袖丈約28cm
　　　　　　　　　　　　　　　　　　　　　　　　　　　　身長90cm用／着丈35cm　胸囲約85cm　袖丈約30cm

①材料
後ろ、前、袖（ナイロン地・赤×白の水玉）
　80cm用＝80cm×115cm　90cm用＝80cm×120cm
ポケット（木綿・ベージュの花柄）25cm×15cm
アップリケ布（木綿・黄色×白のチェック）
　10cm×5cm
1cm幅のバイアステープ（赤×白のストライプ）
　80cm用＝約66cm　90cm用＝約68cm
0.7cm幅のゴムテープ
　80cm用＝約65cm　90cm用＝約68cm
2.5cm幅のマジックテープ（白）5cm

②材料
後ろ、前、袖（ナイロン地・青×白の水玉）
　80cm用＝80cm×115cm　90cm用＝80cm×120cm
ポケット（木綿・黄色のプリント）25cm×15cm
アップリケ布（木綿・グリーン×白のチェック）
　10cm×5cm
1cm幅のバイアステープ（紺×白のストライプ）
　80cm用＝約66cm　90cm用＝約68cm
0.7cm幅のゴムテープ
　80cm用＝約65cm　90cm用＝約68cm
2.5cm幅のマジックテープ（白）5cm

1. 布を裁つ　　※布は指定以外、縫い代を1cmつけて裁つ
　　　　　　　　　単位はcm

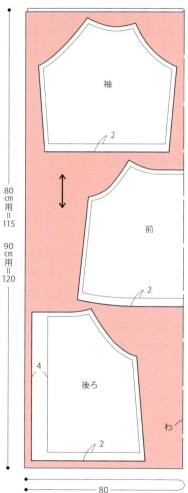

2. ポケットを作る

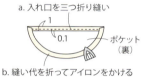

a. 入れ口を三つ折り縫い
b. 縫い代を折ってアイロンをかける

3. ポケットとアップリケ布をつける

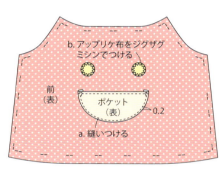

b. アップリケ布をジグザグミシンでつける
a. 縫いつける

4. 前後と袖を縫い合わせる

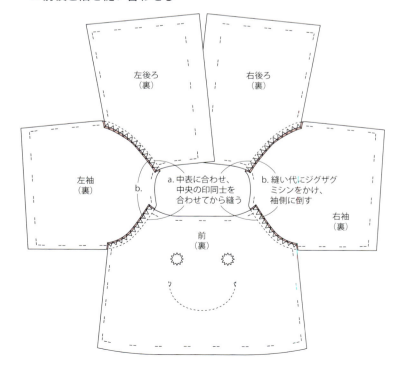

●アップリケ布（作り方 **3.** − b）は型紙を参照し、裁ち切りで2枚裁つ

5. a〜h の順に仕上げる

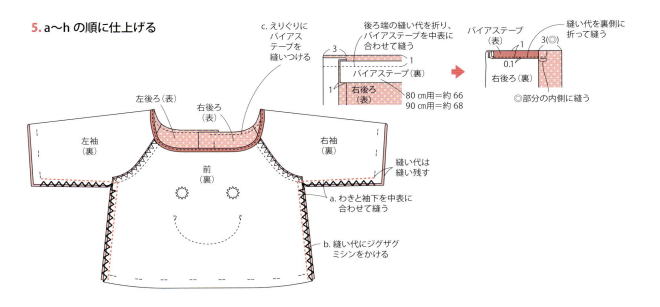

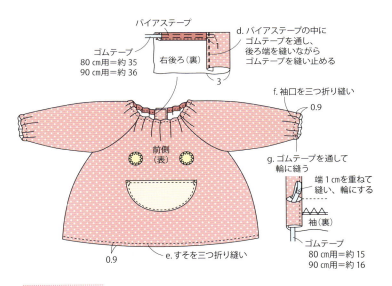

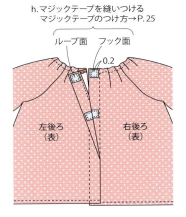

ONE POINT!
ナイロン地やラミネートをミシンで縫うとき
ツルツルの表面、ザラザラな表面など、ミシンの送りがしづらい布は、写真のようにします。

ナイロン地
まち針をつける間隔をせまくします。まち針が押さえの手前まできたらはずすように。

ラミネート
加工面(表側)はすべりが悪いので、テフロン押さえ(a)にかえる、またはシリコン剤(b)を針や押さえの裏に塗って縫います。まち針を使うと穴があいてしまうので、仮どめクリップを使うといいでしょう。

ONE POINT!
かわいい材料

写真の左上からフェルトモチーフ(a)、プラパーツ(b)、レースモチーフ(c)、ボタン(d)、フェルトボール(e)。赤ちゃんが飲み込まないよう、しっかり縫いつけます。

I

動物スタイ

赤ちゃんにぴったり寄り添うウサギとクマ。
お母さんのかわりに、赤ちゃんの面倒を見てくれているかのよう。
思わずギュッと抱きしめたくなるかわいさです。

Design〜 大角羊子　How to make〜 P.32

J

マフラー風スタイ

マフラーのように、首にひと巻きしたおしゃれスタイ。
ワンポイントの刺しゅうがアクセントです。
柔らかなガーゼは無地、ストライプ、水玉など、さまざまにあります。
好みの布を組み合わせて、ハンドメイドを楽しみましょう。

Design〜 大角羊子　How to make〜 P.34

I 動物スタイ

Photo 〜 P.30　Pattern 〜 実物大型紙 A 面　Size 〜 約20cm×22.5cm（本体のみ）

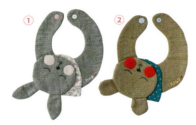

①材料
本体表布、本体裏布、頭、耳（起毛コットン・グレー）80cm×28cm
スカーフ（ハーフリネン・花柄プリント）36cm×17cm
接着芯 40cm×27cm
直径1.5cmのスナップボタン（ピンク×白の水玉）1組
アップリケ用　フェルト（洗えるタイプ・ピンク）　糸（フェルトと同色系の25番刺しゅう糸）
刺しゅう用　25番刺しゅう糸（白、濃ピンク、チャコールグレー）

②材料
本体表布、本体裏布、頭、耳（起毛コットン・ベージュ）80cm×28cm
スカーフ（ハーフリネン・ブルー×生成りの水玉）36cm×17cm
接着芯 40cm×27cm
直径1.5cmのスナップボタン（水色）1組
アップリケ用　フェルト（洗えるタイプ・濃ピンク）　糸（フェルトと同色系の25番刺しゅう糸）
刺しゅう用　25番刺しゅう糸（山吹色、赤、チャコールグレー）

《①の作り方》

1. 布を裁つ　※布は縫い代を1cmつけて裁つ。単位はcm
頭、耳、スカーフは布を2重にして裁ち、手前を表布、向こうを裏布にする

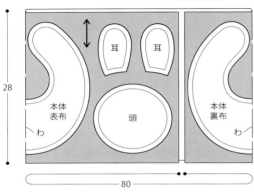

ONE POINT!
縫い代のカーブに切り込みを入れる

えりぐりなどU字に縫うところは縫い代に切り込みを入れ、アイロンで折ってから表に返します。

U字と逆に縫うカーブは、でき上がりの位置よりも縫い代が長いので、縫い代がきれいに折れない場合は切り込みを入れ、縫い代を重ねます。

2. 表布に接着芯をはり、アップリケと刺しゅうをする

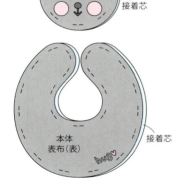

3. 本体、耳、スカーフの表布と裏布を縫い合わせる

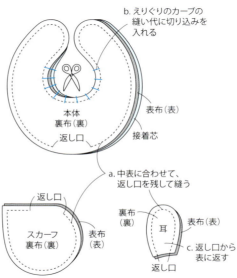

4. 頭の表布と裏布を縫い合わせる

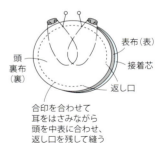

合印を合わせて耳をはさみながら頭を中表に合わせ、返し口を残して縫う

5. それぞれのパーツを仕上げる

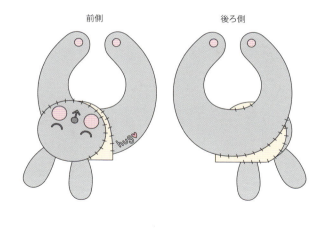

6. バランスよくパーツを重ねてとじる

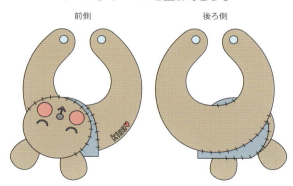

《②の作り方》

1. 布を裁つ

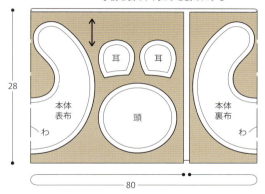

※スカーフは P.32①と同様に裁つ

2.〜5. は P.32①と同じ要領で作る

6. バランスよくパーツを重ねてとじる

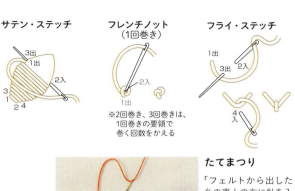

> **ONE POINT!**
>
> ステッチの刺し方とアップリケ（たてまつり）

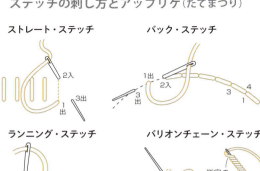

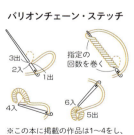

※この本に掲載の作品は1〜4をし、5、6のとめはしない

たてまつり

「フェルトから出した糸の真上の布に針を入れ、斜めにフェルトのところに針を出す」をくり返します。縫い目の間隔は3ミリぐらいを目安に。

J マフラー風スタイ

Photo〜 P.31　Pattern〜 実物大型紙A面　Size〜 幅10cm×長さ60cm

①材料
A布、C布（ガーゼ・水色×生成りのストライプ）
　35cm×30cm
B布、D布（ガーゼ・ターコイズブルー）
　40cm×30cm
1.2cm幅の綾テープ（赤）13cm
25番刺しゅう糸（黄）

②材料
A布、C布（ガーゼ・アップルグリーン）
　35cm×30cm
B布、D布（ガーゼ・黄緑×生成りの水玉）
　40cm×30cm
2cm幅のチロリアンテープ（蝶柄）13cm
25番刺しゅう糸（ピンク）

《①の作り方》

1. 布を裁つ　※布は縫い代を1cmをつけて裁つ　単位はcm

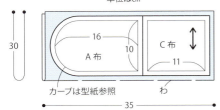

2. 表布、裏布ともA布〜D布を縫い合わせる

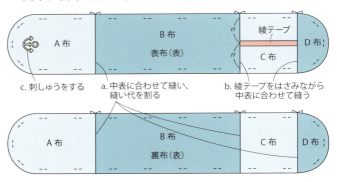

- a. 中表に合わせて縫い、縫い代を割る
- b. 綾テープをはさみながら中表に合わせて縫う
- c. 刺しゅうをする

3. 表布と裏布を縫い合わせる

中表に合わせ、返し口を残して縫う

4. 仕上げる

- a. 表に返して返し口をとじる
- b. 押さえミシン　0.3

《②の作り方》

上記の①と同様に作る

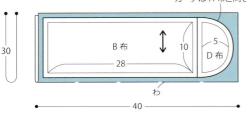

チロリアンテープ

ONE POINT!

手縫いで縫うとき　ミシンのかわりに手縫いをするときは、手縫い糸1本どりで半返し縫いや本返し縫いにします。

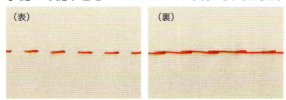
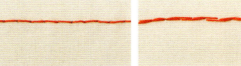

半返し縫い
1針の半分の幅を戻って縫う。本返しに比べ、やわらかい仕上がりになる。

本返し縫い
針目の間をあけず、1針の幅を全部戻って縫う。しっかりした縫い目になる。

G お食事スタイ

Photo〜 P.23　Pattern〜 実物大型紙A面　Size〜 38cm×約23cm
※タグは好みのものを用意します。

①材料
本体、ポケット（ラミネート・ピンク×ベージュのストライプ）40cm×45cm
1cm幅のバイアステープ（ベージュ）約84cm
0.6cm幅のバイアステープ（ベージュ）約140cm
2cm幅のマジックテープ（白）5cm
ワイヤー（アートフラワー用・#22）23cmを1本
タグ（2.5cm幅のテープ・白×クローバー）約4cm

②材料
本体、ポケット（ラミネート・グリーン×ベージュのストライプ）40cm×45cm
1cm幅のバイアステープ（ベージュ）約84cm
0.6cm幅のバイアステープ（ベージュ）約140cm
2cm幅のマジックテープ（白）5cm
ワイヤー（アートフラワー用・#22）23cmを1本
タグ（2.5cm幅のテープ・白×クローバー）約4cm

1. 布を裁つ　※布は指定以外は裁ち切り
単位はcm

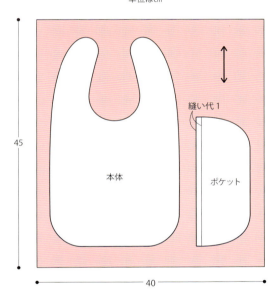

2. ポケットを作る

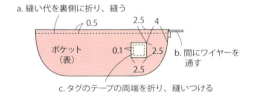

3. ひもを2本作る

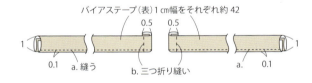

4. ひもを仮止めする

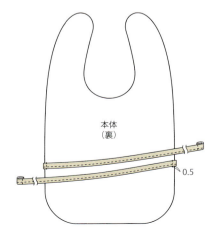

5. 仕上げる

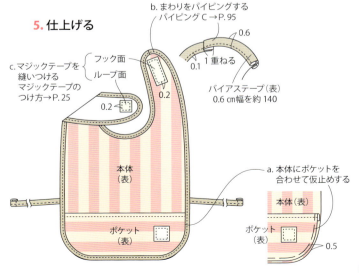

K

エンジェルスタイ

寝返りを始めたら、少し遊び心のあるスタイも作ってみては。
羽根の部分にはキルト芯と綿で、ぷっくりとした形に。
だっこしてもかわいいし、はいはいしている姿もかわいいです。

Design〜 大角羊子　How to make〜 P.38

L
およばれスタイ

パーティや結婚式などにおすすめのおしゃれスタイ。
おそろいで、女の子にはヘッドリボンを、
男の子にはブレスレットを作りました。
女の子の方は、布端がスカラップになっている
レースを使っています。

Design〜 白駒さやか
How to make〜 P.39〜41

K エンジェルスタイ

Photo～ P.36　Pattern～ 実物大型紙A面　Size～ 約20cm×36cm（羽根を除く）

① **①材料**
本体（リネン・生成り）80cm×45cm
羽根（木綿・花柄プリント）55cm×20cm
接着キルト芯 55cm×20cm
直径1cmのスナップボタン（シルバー）2組
化繊綿少々

② **②材料**
本体（リネン・ピンク）80cm×45cm
羽根（ガーゼ・白）55cm×20cm
接着キルト芯 55cm×20cm
直径1.5cmのスナップボタン（白）2組
化繊綿少々

羽根は接着キルト芯で全体をふわっとさせ、さらに下側にうすく綿をつめます。つめにくいときは割りばしなどを使うようにします。

1. 布を裁つ　※布は縫い代1cmつけて裁つ
単位はcm

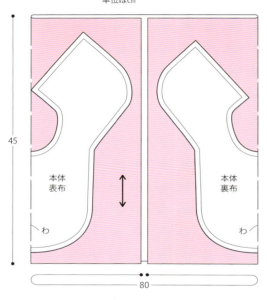

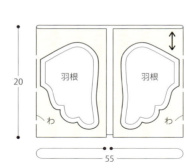

2. 本体の表布の折り山を折る

3. 本体の表布と裏布を縫い合わせる

4. 表側に返す

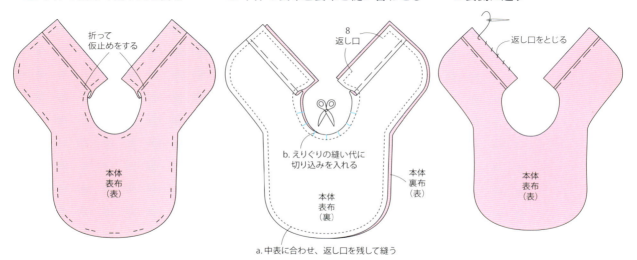

5. 羽根を作る

6. 仕上げる

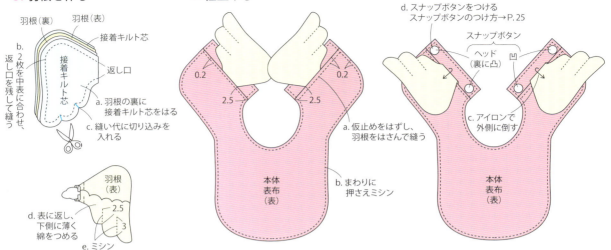

L およばれスタイ

Photo 〜 P.37　　Pattern 〜 実物大型紙B面　　Size 〜 ①ヨーク幅約19cm　丈約43.5cm

材料
後ろヨーク表布、後ろヨーク裏布、前ヨーク表布、前ヨーク裏布、胸当て、
　ヘッドリボンのフリル〈中央〉(木綿・白)60cm×55cm
フリル、ヘッドリボンのフリル〈左、右〉(レース・白)64cm×110cm
2cm幅のリボン(白)260cm
0.5cm幅のブレード(黄緑×オレンジ)28cm
直径1cmのスナップボタン(白)4組
1.8cm幅の飾り用ボタン(白)1個

《①の作り方》

1. 布を裁つ　※布は指定以外、縫い代を1cmつけて裁つ
単位はcm

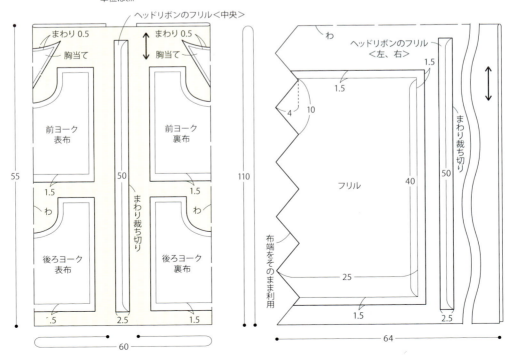

2. 胸当てを作る

3. 胸当てとリボンを縫いつける

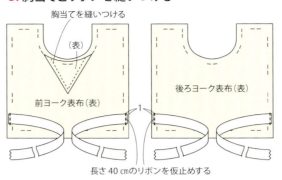

4. 前ヨーク、後ろヨークとも それぞれ表布、裏布を 中表に合わせ、返し口を 残して縫う

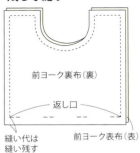

5. フリルを縫う

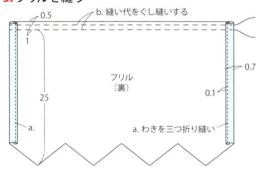

6. 前後ともそれぞれヨークの表布とフリルを縫い合わせる

7. 仕上げる

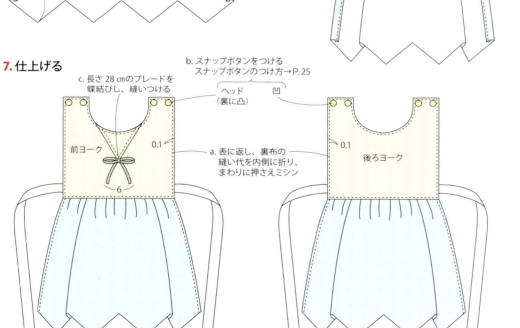

8. ヘッドリボンを作る

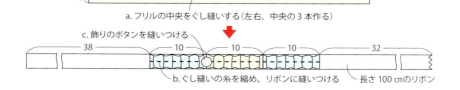

Size～ ②ヨーク幅約19cm　丈約39cm

材料
後ろヨーク表布、後ろヨーク裏布、前ヨーク表布、前ヨーク裏布(木綿・グレー)55cm×50cm
フリル、ブレスレットのフリルA(木綿・白×紺のストライプ)70cm×35cm
胸当て、ブレスレットのフリルB(木綿・白)50cm×20cm
1cm幅のリボン(ブルーグレー)140cm
1.2cm幅のリボン(紺×生成りのストライプ)17cm
0.7cm幅のリボン(ブルーグレー)44cm
直径1cmのスナップボタン(白)4組
直径1.2cmの飾り用ボタン(紺)1個

《②の作り方》

1. 布を裁つ　※布は指定以外、縫い代を1cmつけて裁つ
単位はcm

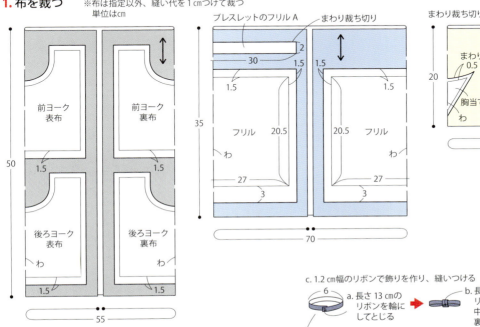

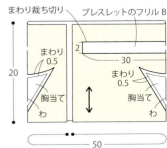

2.～4. は P.40 ①の 2.～4. と同様
（リボンは1cm幅で長さ35cmを4本）

5. フリルを縫う

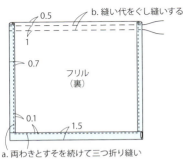

6. は P.40 ①の 6. と同様にする

7. 仕上げる

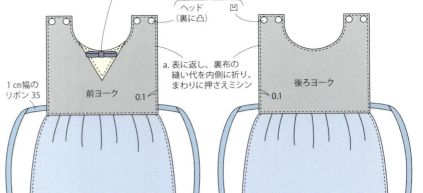

8. ブレスレットを作る
※P.40 ①の 8. と同じ要領で作る

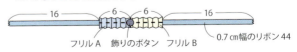

M

帽子&スタイ

無地やストライプ、プリント生地を組み合わせ、
鳥の親子、ペンギンの親子などをアップリケした帽子とスタイのセットです。
それぞれシックな色合いで、男の子のお出かけにおすすめ。

Size〜　帽子　頭まわり44cm用、46cm用
Design〜　大角羊子　How to make〜　P.44

M 帽子&スタイ

Photo〜 P.42・43　Pattern〜 実物大型紙A面　Size〜 帽子　44cm用／頭まわり44cm　深さ13.5cm
　　　　　　　　　　　　　　　　　　　　　　　46cm用／頭まわり46cm　深さ14cm
　　　　　　　　　　　　　　　　　　　　　スタイ／約21cm×27cm

①材料
帽子表布、スタイ表布〈上〉(木綿・生成り×グレーのストライプ)
　60cm×36cm
帽子裏布、スタイ裏布(木綿・紺)60cm×36cm
帽子縁布、スタイ表布〈下〉(木綿・プリント)50cm×18cm
接着芯50cm×30cm
直径1.5cmのスナップボタン(白)1組
アップリケ用
　フェルト(洗えるタイプ・白、グレー、紺)
　糸(フェルトと同色系の25番刺しゅう糸)
刺しゅう用
　25番刺しゅう糸(山吹色、オリーブ色、紺、白)

②材料
帽子表布、スタイ表布〈上〉(木綿・グレー×ベージュのストライプ)
　60cm×36cm
帽子裏布、スタイ裏布(木綿・ベージュ)60cm×36cm
帽子縁布、スタイ表布〈下〉(木綿・プリント)50cm×18cm
接着芯50cm×30cm
直径1.5cmのスナップボタン(水色)1組
アップリケ用
　フェルト(洗えるタイプ・クリーム色、白)
　糸(フェルトと同色系の25番刺しゅう糸)
刺しゅう用
　25番刺しゅう糸(山吹色、黄緑、チャコールグレー、
　クリーム色、オリーブ色)

③材料
帽子表布、スタイ表布〈上〉(木綿・水色×生成りのストライプ)
　60cm×36cm
帽子裏布、スタイ裏布(木綿・水色)60cm×36cm
帽子縁布、スタイ表布〈下〉(木綿・プリント)50cm×18cm
接着芯50cm×30cm
直径1.5cmのスナップボタン(水色)1組
アップリケ用
　フェルト(洗えるタイプ・紺、グレー)
　糸(フェルトと同色系の25番刺しゅう糸)
刺しゅう用
　25番刺しゅう糸(赤、白、紺、グレー)

《①の作り方》

1. 布を裁つ　※布は裁ち切り以外、縫い代を1cmつけて裁つ
　　　　　　　　単位はcm

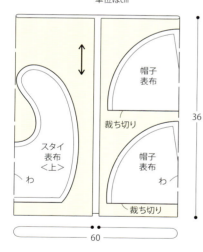
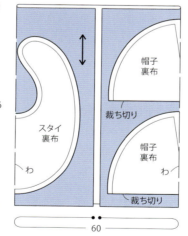
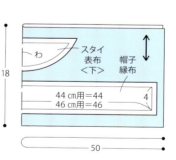

2. 帽子を縫う

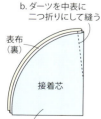
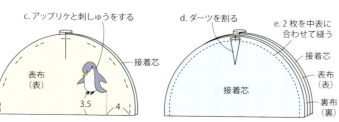

h. 以降はP.45に続く

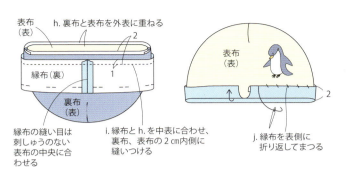

3. スタイを縫う

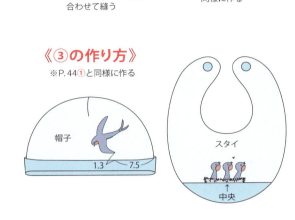

《②の作り方》
※P.44①と同様に作る

《③の作り方》
※P.44①と同様に作る

実物大アップリケと刺しゅう図案

※フェルトは裁ち切りにし、同色系の刺しゅう糸
1本どりでたてまつり
刺しゅう糸は指定以外、2本どり
ステッチの刺し方→P.33
たてまつり→P.33

① スタイ

① 帽子

※②、③の図案は P.59

N

ボネット

ベビードレスとセットにして使うボネットを、プリントやチェックの生地と
ポンポンつきのブレードをあしらってカジュアルなデザインに。
リバーシブルに使えるので、2種類の生地を用意して。

Size〜 頭まわり44cm用、46cm用
Design〜 Coucou!
How to make〜 P.48

o

ヒツジ風帽子、海賊風帽子

帽子はお出かけの必需品。
オールシーズン、いろいろな素材で作っておきましょう。
白い方はボアで耳をつけてヒツジ風に、
ストライプの方はジャージーで
後ろに結び目を作って海賊風の帽子にしました。

Size〜 頭まわり44cm用、46cm用
Design〜 大角羊子
How to make〜 ヒツジ風　P.50　海賊風　P.51

N ボネット

Photo～ P.46　Pattern～ 実物大型紙A面　Size～ 44cm用／首まわり約21cm　顔まわり約37cm
　　　　　　　　　　　　　　　　　　　 46cm用／首まわり約22cm　顔まわり約39cm

①材料
クラウン表布、バック表布(木綿・ピンクの花柄プリント)65cm×20cm
クラウン裏布、バック裏布、バイアス布(木綿・ピンク×白のギンガムチェック)80cm×50cm
1cm幅のポンポンブレード(山吹色)　44cm用＝約39cm　46cm用＝約41cm

②材料
クラウン表布、バック表布(木綿・藤色の花柄プリント)65cm×20cm
クラウン裏布、バック裏布、バイアス布(木綿・藤色×白のギンガムチェック)80cm×50cm
1cm幅のポンポンブレード(黄緑)　44cm用＝約39cm　46cm用＝約41cm

ONE POINT!
テープとブレード

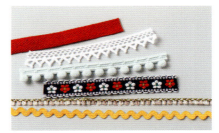

写真上から綾テープ、レーステープ、ポンポンブレード、チロリアンテープ、フローラルテープ、山道テープ(ジャバラテープ、リックラックテープと呼ぶこともある)。素材、色、サイズとも豊富にあるので、好きなものを使ってハンドメイドを楽しみましょう。

1. 布を裁つ
※布は裁ち切り以外、縫い代を1cmつけて裁つ
単位はcm

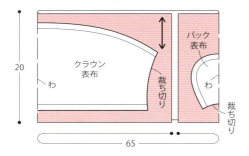

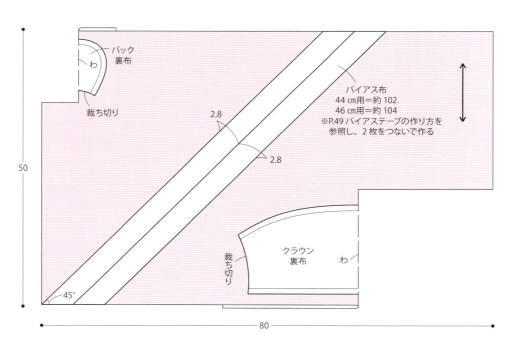

2. クラウンの前端を縫い合わせる

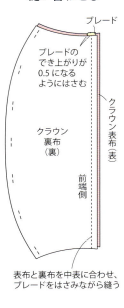

3. 表側に返し、バック側の縫い代にぐし縫いを2本縫う

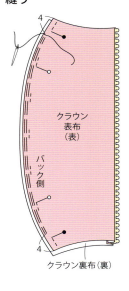

4. バックの表布、裏布を縫い合わせる

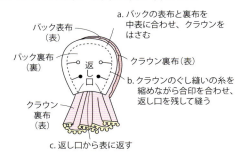

a. バックの表布と裏布を中表に合わせ、クラウンをはさむ

b. クラウンのぐし縫いの糸を縮めながら合印を合わせ、返し口を残して縫う

c. 返し口から表に返す

5. バイアス布で首まわりをパイピングし、続けてひもを作る
パイピング B→P.95

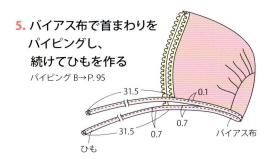

6. ひもの端1.5cmを三つ折り縫いする

ONE POINT!

バイアステープの作り方　簡単に作れるよう、テープメーカーを使って作ります。

❶ バイアス布は、P.48、78の「1.布を裁つ」のように、布目に対して45度に線を引いて布を裁つ。写真のテープメーカーのほか、アイロン、アイロン台、まち針を用意する。

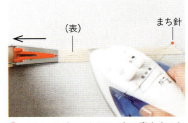

❷ アイロン台にバイアス布の裏を上にして置き、テープメーカーを布端から通し、布端をまち針でアイロン台にとめる。テープメーカーを引きながら、アイロンで押さえる。

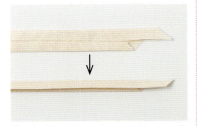

❸ 上がテープメーカーでできたテープ。さらに半分に折ってアイロンで押さえるとバイアステープのでき上がり。

長いバイアステープが必要なときはバイアステープをつないで、必要な長さを作ります。

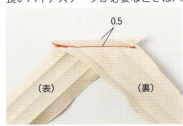

❶ 端から0.5cm内側で、2枚の折り目がつながるように合わせて縫う。

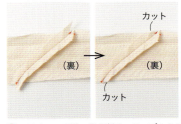

❷ アイロンで縫い代を割り、テープからはみ出した縫い代をカットする。

❸ テープがつながった。もう一度、折り目どおりにテープにアイロンをかける。

49

O 帽子2種

Photo 〜 P.47　　Pattern 〜 実物大型紙 B 面

ヒツジ風

Size 〜 44cm用／頭まわり46cm、深さ（耳を除く）約14.5cm
　　　　46cm用／頭まわり50cm、深さ（耳を除く）約15.5cm
※生地に厚みがあるので、頭まわりは大きくしています。

材料
本体表布、耳表布（ボア・生成り）70cm×35cm
本体裏布、耳裏布（木綿・花柄プリント）70cm×35cm
0.3cm幅のゴムテープ　44cm用＝45cm　46cm用＝48cm

1. 布を裁つ
※布は縫い代を1cmつけて裁つ
単位はcm

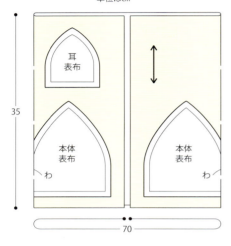

2. 本体の表布、裏布をそれぞれ縫い合わせる

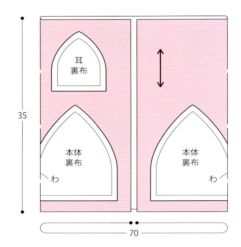

3. P.51 の 3. と同様に作る

4. 耳を作る

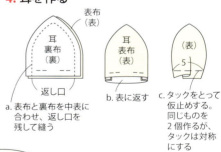

5. 表布と裏布を縫い合わせる

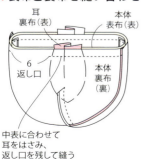

6. 仕上げる

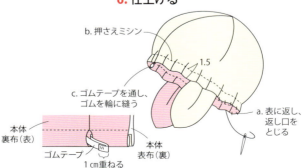

海賊風

Size～ 44cm用／頭まわり44cm、深さ約14.5cm
　　　 46cm用／頭まわり46cm、深さ約15.5cm
※表布、裏布ともボーダーをそろえながら裁つので、布は多めにしています。

材料
本体表布、本体裏布、リボン（ジャージー・オレンジ×グレーのボーダー）70cm×60cm

1. 布を裁つ
※布は縫い代を1cmつけて裁つ
単位はcm

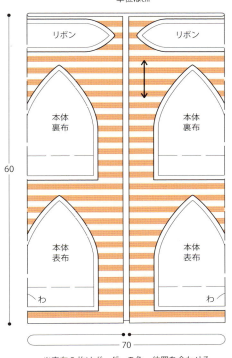

※表布2枚はボーダーの色、位置を合わせる

2. 本体の表布、裏布をそれぞれ縫い合わせる

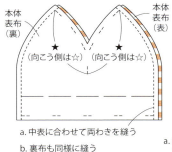

a. 中表に合わせて両わきを縫う
b. 裏布も同様に縫う

3. わきを中央にして★、☆部分を縫う

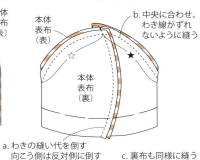

a. わきの縫い代を倒す
　向こう側は反対側に倒す
b. 中央に合わせ、わき線がずれないように縫う
c. 裏布も同様に縫う

4. 表布と裏布を縫い合わせる

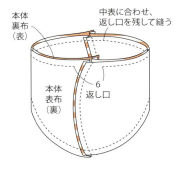

中表に合わせ、返し口を残して縫う

5. 返し口をとじ、折り山から折る

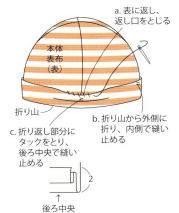

a. 表に返し、返し口をとじる
b. 折り山から外側に折り、内側で縫い止める
c. 折り返し部分にタックをとり、後ろ中央で縫い止める

6. リボンを縫う

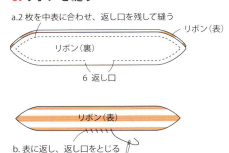

a. 2枚を中表に合わせ、返し口を残して縫う
b. 表に返し、返し口をとじる

7. 仕上げる

リボンをひと結びし、後ろ中央にとじつける

P

チューリップハット＆ブルマー

同じパターンを6枚使って縫うチューリップハットは、
2重にしてリバーシブルに。
片面は同じ生地に、もう片面は3種類のプリント柄を組み合わせています。
ハイハイ、つかまり立ちなど、おしりをふりふりさせて
動きが活発になる時期には、ブルマーをはかせるとよいでしょう。

Size〜　帽子　頭まわり45cm用、47cm用
　　　　ブルマー　身長70cm用、80cm用
Design〜　Coucou！　How to make〜　P.54

P チューリップハット＆ブルマー

Photo～ P.52・53　Pattern～ 実物大型紙B面　Size～ 帽子　45cm用／頭まわり約45cm　深さ17.5cm
　　　　　　　　　　　　　　　　　　　　　　　　47cm用／頭まわり約47cm　深さ18cm
　　　　　　　　　　　　　　　　　　　ブルマー　身長70cm用／腰まわり約68cm　股上約14.5cm
　　　　　　　　　　　　　　　　　　　　　　　　身長80cm用／腰まわり約71.5cm　股上約15.5cm

①材料
帽子表布A、ブルマー後ろ、ブルマー前（木綿・ピンク系小花プリント）90cm×40cm
帽子表布B、ブルマーバイアス布（木綿・淡ピンク×白のギンガムチェック）40cm×40cm
帽子表布C（木綿・濃ピンクの花柄）48cm×18cm
帽子裏布A、B（木綿・赤×白のストライプ）50cm×47cm
0.7cm幅のゴムテープ　70cm用＝80cm　80cm用＝86cm

②材料
帽子表布A、ブルマー後ろ、ブルマー前（木綿・ブルー系小花プリント）90cm×40cm
帽子表布B（木綿・水色×白のギンガムチェック）48cm×18cm
帽子表布C（木綿・紺の花柄）48cm×18cm
帽子裏布A、B、ブルマーバイアス布（木綿・紺×白のストライプ）80cm×40cm
0.7cm幅のゴムテープ　70cm用＝80cm　80cm用＝86cm

《①の作り方》

1. 布を裁つ　※布は指定以外、縫い代を1cmつけて裁つ
　　　　　　　　単位はcm

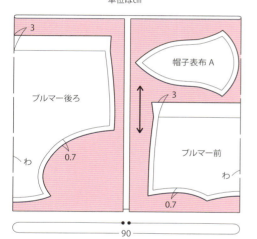

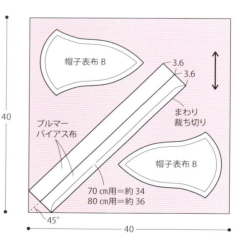

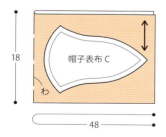

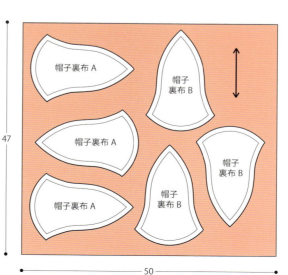

2. 帽子を縫う

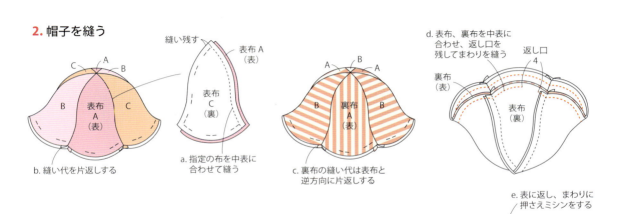

3. ブルマーを縫う

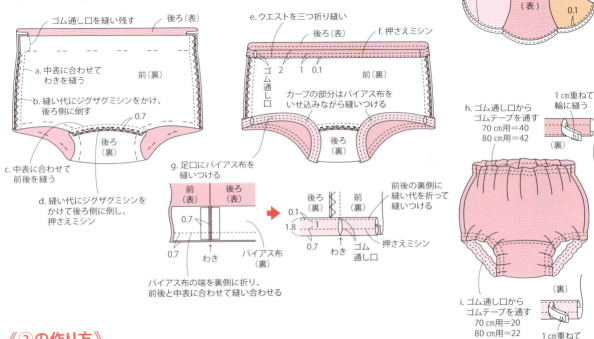

《②の作り方》

1. 布を裁つ
※布は指定以外、縫い代を1cmつけて裁つ
単位はcm

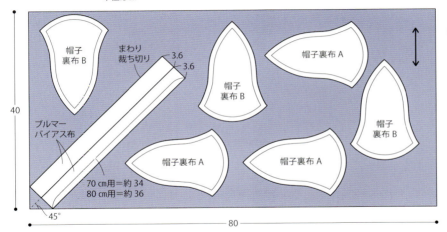

● 帽子の表布A・C、ブルマー後ろ、ブルマー前はP.54①と同様に裁ち、帽子の表布BはP.54①のCと同様に裁つ。

2.、3. はP.54①と同様に作る

Q
とんがり帽子

せっかく作るのだから、少しでも長く使えるよう少し大きめの帽子に。
スナップボタンでとめているので、脱げてもすぐかぶれます。

Size〜 頭まわり47cm用、49cm用
Design〜 Coucou !　How to make〜 P.58

P.56と同じパターンを使い、生地をかえて作りました。
裏布はプリント柄でも無地でも、好きな布を組み合わせて。

Q とんがり帽子

Photo ～ P.56・57　Pattern ～ 実物大型紙B面
Size ～ 47cm用／頭まわり49.5cm、深さ約20.5cm
　　　　49cm用／頭まわり52cm、深さ約21.5cm
※生地に厚みがあるので、頭まわりは大きくしています。

①材料
本体表布（圧縮ニット・ピンク×生成りの水玉）
　65cm×45cm
本体裏布（木綿・プリント柄）65cm×45cm
直径1.3cmのスナップボタン（濃ピンク）1組

③材料
本体表布（フリース・チャコールグレー）
　65cm×45cm
本体裏布（木綿・ピンク×生成りの水玉）
　65cm×45cm
直径1.3cmのスナップボタン（濃ピンク）1組

②材料
本体表布（圧縮ニット・ベージュ×生成りの水玉）
　65cm×45cm
本体裏布（木綿・プリント柄）65cm×45cm
直径1.3cmのスナップボタン（ベージュ）1組

④材料
本体表布（フリース・グリーン）65cm×45cm
本体裏布（木綿・パープル×生成りの水玉）
　65cm×45cm
直径1.3cmのスナップボタン（ピンク）1組

1. 布を裁つ
※布は縫い代を1cmつけて裁つ
単位はcm

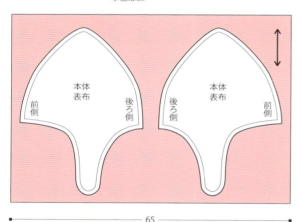
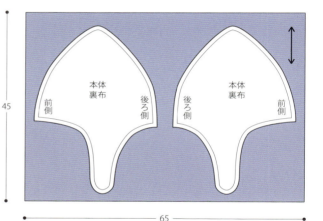

2. 表布、裏布ともそれぞれ上部分を縫い合わせる

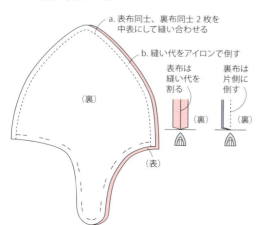

3. 表布と裏布を縫い合わせる

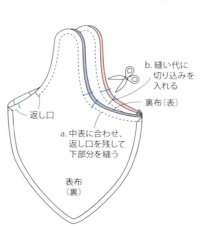

4. 仕上げる

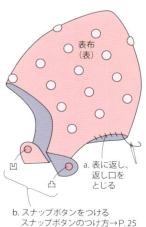

P.14、15 の続き（図案）

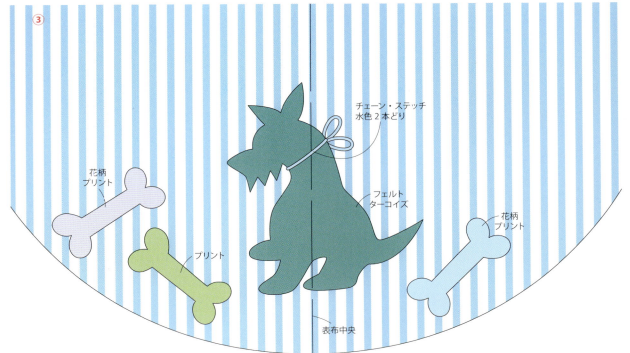

P.45 の続き（図案）

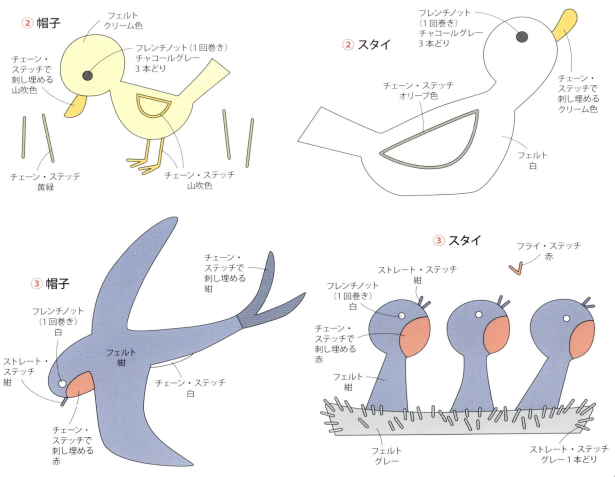

R

帽子&ブーティ

ベビーカーで外出するときの防寒用に、
あたたかな帽子とブーティのセットです。
帽子は北風をシャットアウトするボアやファーの耳つき。
ブーティは足首まですっぽり包んで、足元をポカポカに。

Size〜 頭まわり44cm用、46cm用
Design〜 大角羊子　How to make〜 P.62

R 帽子&ブーティ

Photo～ P.60・61　Pattern～ 実物大型紙 B 面
Size～ 帽子　44cm用／頭まわり約44cm、深さ（耳当てを除く）約14.5cm
　　　　　　　46cm用／頭まわり約46cm、深さ（耳当てを除く）約15cm
　　　　　ブーティ／足のサイズ10.7cm

① 材料
帽子の本体表布、ブーティの側面表布、
　側面裏布、ブーティの底裏布（木綿・
　水色の花柄プリント）90cm×50cm
帽子の本体裏布、耳当て表布、ブーティ
　の底表布（ボア・こげ茶）60cm×35cm
ポンポン用毛糸（並太程度・赤系）
0.3cm 幅のゴムテープ64cm

② 材料
帽子の本体表布、ブーティの側面表布、
　側面裏布、ブーティの底裏布（ジャージー・
　生成り×ベージュのボーダー）90cm×50cm
帽子の本体裏布、耳当て表布（ファー・ベージュ）
　60cm×35cm
ブーティの底表布（フェルト・水色）
　32cm×12cm
ポンポン用毛糸（並太程度・生成り系）
0.3cm 幅のゴムテープ64cm

1. 布を裁つ
※布は縫い代を1cmつけて裁つ
単位はcm

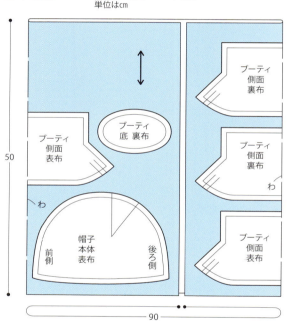

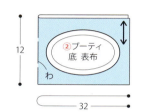

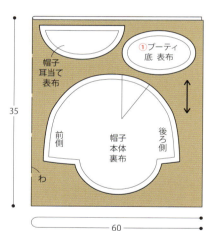

2. 帽子を縫う

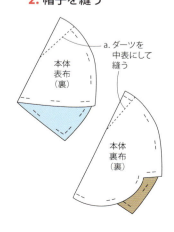

a. ダーツを中表にして縫う

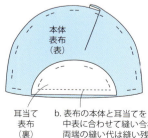

b. 表布の本体と耳当てを中表に合わせて縫い合わせる
両端の縫い代は縫い残す

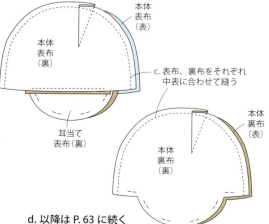

c. 表布、裏布をそれぞれ中表に合わせて縫う

d. 以降は P.63 に続く

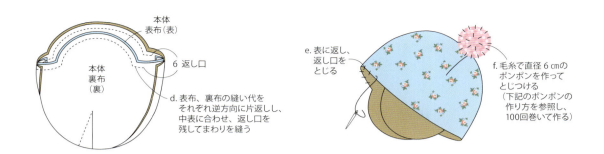

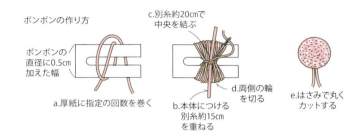

ポンポンの作り方

a. 厚紙に指定の回数を巻く
b. 本体につける別糸約15cmを重ねる
c. 別糸約20cmで中央を結ぶ
d. 両側の輪を切る
e. はさみで丸くカットする

3. ブーティを縫う

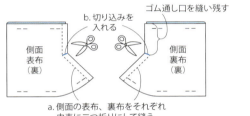

a. 側面の表布、裏布をそれぞれ中表に二つ折りにして縫う
b. 切り込みを入れる
ゴム通し口を縫い残す

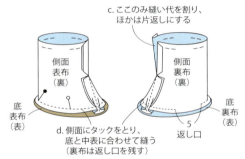

c. ここのみ縫い代を割り、ほかは片返しにする
d. 側面にタックをとり、底と中表に合わせて縫う（裏布は返し口を残す）

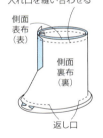

e. 表布と裏布を中表に合わせ、入れ口を縫い合わせる

f. 表に返し、返し口をとじる

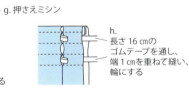

g. 押さえミシン
h. 長さ16cmのゴムテープを通し、端1cmを重ねて縫い、輪にする

i. 毛糸で直径4cmのポンポンを作ってとじつける（上記のポンポンの作り方を参照し、40回巻いて作る）

ONE POINT!

図案の写し方　トレーシングペーパーにシャープペン(鉛筆でも可)で図案を写しておきます。

❶ 布(表が上)、チャコペーパー(片面タイプで転写面が下)、図案、セロファン紙の順に重ね、シャープペン、まち針を用意する。

❷ ❶の4枚をまち針でとめ、シャープペンでしっかりなぞる。図案が写りにくいときは、固い鉛筆やインクの出なくなったボールペンでもよい。

❸ 布に図案が写った。指定の刺し方で刺しゅうをする。

S

フードつきケープ

肩にかければ、さっと防寒着になる、お母さんもラクラクなケープ。
軽くてあたたかいフリースは、ふわふわな手触りも魅力です。
チロリアンテープやブレードなど、ひと手間加えることで上質な仕上がりに。
次の年も使えるように、大きなサイズにしています。

Size〜　身長80㎝用、90㎝用
Design〜　Coucou！　　How to make〜　P.66

S フードつきケープ

Photo ～ P.64・65　Pattern ～ 実物大型紙A面
Size ～ 身長80cm用／着丈約32cm
　　　　身長90cm用／着丈約35cm

①材料
ケープ表布、フード表布、タブ表布（フリース・赤）
　80cm用＝90cm×105cm　90cm用＝90cm×110cm
ケープ裏布、フード裏布、タブ裏布
　（木綿・オレンジ×白のストライプ）
　80cm用＝90cm×105cm　90cm用＝90cm×110cm
接着芯少々
1cm幅のポンポンブレードA（濃ピンク）約190cm
1cm幅のポンポンブレードB（淡ピンク）約173cm
1.2cm幅のチロリアンテープA（茶×花柄）約180cm
1.5cm幅のチロリアンテープB（ベージュ×花柄）
　約165cm
ボタン2個　80cm用＝直径2cm　90cm用＝直径2.5cm

②材料
ケープ表布、フード表布、タブ表布（フリース・紺）
　80cm用＝90cm×105cm　90cm用＝90cm×110cm
ケープ裏布、フード裏布、タブ裏布
　（木綿・白×ベージュのストライプ）
　80cm用＝90cm×105cm　90cm用＝90cm×110cm
接着芯少々
1cm幅のポンポンブレードA（紫）約190cm
1cm幅のポンポンブレードB（藤色）約173cm
1.2cm幅のチロリアンテープA（紺×花柄）約180cm
1.8cm幅のチロリアンテープB（水色×花柄）約165cm
ボタン2個　80cm用＝直径2cm　90cm用＝直径2.5cm

《①の作り方》

1. 布を裁つ　※布は縫い代を1cmをつけて裁つ
　　　　　　　　単位はcm

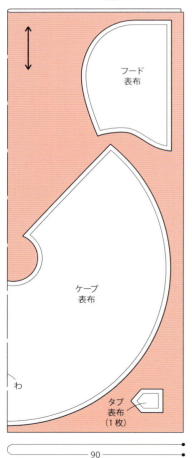
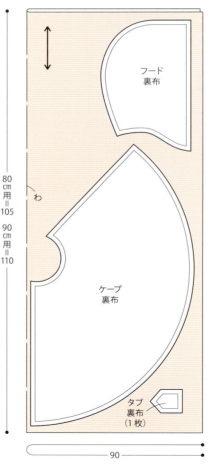

2. タブを縫う

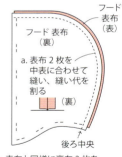

a. 裏布に接着芯をはる
b. 中表に合わせ、返し口を残して縫い、表に返す

3. フードを縫う

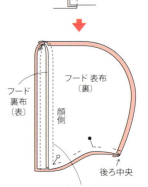

a. 表布2枚を中表に合わせて縫い、縫い代を割る
b. 表布と同様に裏布2枚を中表に合わせて縫い、縫い代を左側に倒す
c. 表布と裏布を中表に合わせ、顔側を縫い、表に返す

4. ケープの表布にブレードとチロリアンテープをつけ、タブとフードを仮止めする

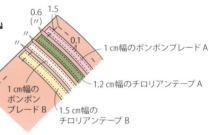

a. ポンポンブレードとテープを縫いつける

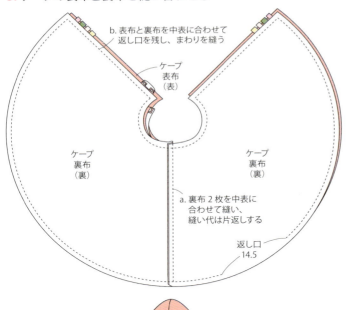

5. ケープの表布と裏布を縫い合わせる

ボタン穴について

ボタン穴はミシンのボタンホール機能を使って作ります。付属のボタンホールかがり（下の写真）の器具をセットしてボタン穴を作り、リッパーで切り込みを入れます。初めて作る場合は、端切れで試してから作りましょう。

6. 仕上げる

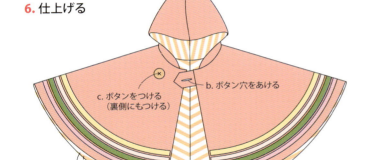

《②の作り方》

※ 4. a 以外は P.66 ① と同様

4. a. ポンポンブレードとテープを縫いつける

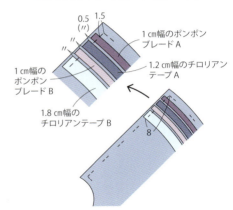

T

ブーティ

そのまますっぽり履いてもいいし、
履き口を折り返してもかわいいブーティ。
よちよち歩きを始めたら、すべらないよう底の表には
すべり止めをつけておくと安心です。
落ち着いたパープルやグリーンで、ちょっぴり大人の仲間入り。

Design〜 Coucou!
How to make〜 P.70

U

シンプルおくるみ

布のまわりにパイピングをしただけの、シンプルなおくるみ。
P.4のスタイと同じワッフル地で作っているので、
バイアステープをそろえて作ればセットとして使えます。

Design〜 Coucou !
How to make〜 P.71

T ブーティ

Photo～ P.68　　Pattern～ 実物大型紙B面　　Size～ 足のサイズ11cm

転倒防止に、底にすべりどめをつけると安心です。布につけてから完全に乾くまで1日程度必要で、乾くと透明なゴム状に。

①材料
側面表布(コットンリネン・紫×生成りの水玉)40cm×25cm
側面裏布、底(木綿・ピンク×白のギンガムチェック)60cm×30cm
接着キルト芯30cm×15cm
1cm幅のポンポンブレード(淡ピンク)約45cm
直径1.4cmのレースモチーフ(生成り)2個

②材料
側面表布(コットンリネン・グリーン×生成りの水玉)40cm×25cm
側面裏布、底(木綿・淡茶×白のギンガムチェック)60cm×30cm
接着キルト芯30cm×15cm
1cm幅のポンポンブレード(クリーム色)約45cm
直径1.1cmのレースモチーフ(生成り)2個

1. 布を裁つ
※布は縫い代を1cmつけて裁つ
単位はcm
□ は接着キルト芯をはる

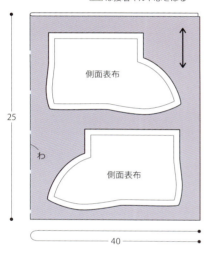
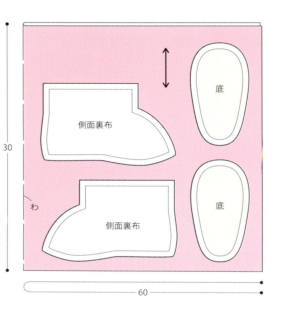

2. 側面の表布、裏布をそれぞれ縫い合わせる

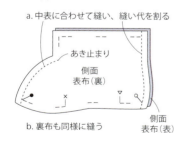

3. 入れ口とあき止まりまで続けて縫い合わせる

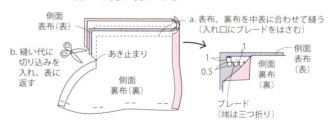

4. 側面と底の1枚を縫い合わせる

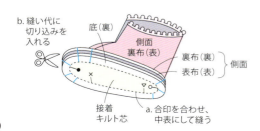

5. 底のもう1枚の縫い代を裏側に折る

4.-b.と同様に縫い代に切り込みを入れ、アイロンで整える

6. 仕上げる

a. 5.を中に入れ、合印を合わせてまつる
b. レースモチーフを縫いつける

U シンプルおくるみ

Photo 〜 P.69　Size 〜 80㎝×80㎝

※ワッフル地は洗うと縮むので、水通し＆地直しのため、必要寸法より多めに表示しています。

①材料
本体、フード（ワッフル地・白）90㎝×105㎝
1.2㎝ 幅のバイアステープ（赤系花柄プリント）約350㎝

②材料
本体、フード（ワッフル地・白）90㎝×105㎝
1.2㎝ 幅のバイアステープ（青系花柄プリント）約350㎝

実物大型紙
フードのカーブ部分

1. 本体のワッフル地を水通しする
水通し＆地直し→P.92

2. フードの型紙を作る
※単位は㎝
カーブは実物大型紙を参照
28　28

3. 布を裁つ
※布は裁ち切り
1.で生地が縮むため、材料の用丈と異なる

フード
カーブはフードと同じ
本体
約96
80
80

4. フードの1辺をバイアステープでパイピングする
パイピング A→P.95

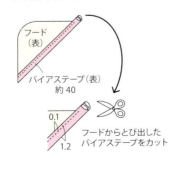

フード（表）
バイアステープ（表）約40
0.1
1.2
フードからとび出したバイアステープをカット

5. 本体とフードを外表に合わせ、周囲をパイピングする
パイピング C→P.95

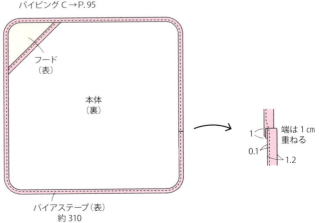

フード（表）
本体（裏）
バイアステープ（表）約310
端は1㎝重ねる
1　0.1　1.2

短肌着&おくるみ

生まれたばかりの赤ちゃんが最初に着る肌着。
肌着には汗とりという大事な役割があり、直接、肌に触れるので
肌にやさしい素材を選びましょう。
おそろいのおくるみも用意すれば、気持ちよく快適に過ごせそう。
同じ布でP.5のスタイを作っているので、3点セットにもなります。

Design〜 Coucou !　　*How to make〜* P.74

V 短肌着＆おくるみ

Photo～ P.72・73　Pattern～ 実物大型紙A面
Size～ 短肌着／後ろ幅約27cm　着丈約35.5cm　袖丈約23.5cm
　　　　おくるみ／80cm×80cm

①材料

①材料
肌着の前後、右袖、左袖、おくるみの本体表布、フード表布（オーガニックコットンダブルガーゼ・ピンク系ボーダー）110cm×160cm
おくるみの本体裏布、フード裏布（オーガニックコットンガーゼ・生成り）82cm×110cm
0.7cm幅のバイアステープ（ベージュ系ストライプ）約105cm
1.2cm幅の綾テープ（生成り）168cm
1.4cm幅のレース（レーステープ・白）約14cm
フェルト（洗えるタイプ・白、赤）
25番刺しゅう糸（黒）

②材料

②材料
肌着の前後、右袖、左袖、おくるみの本体表布、フード表布（オーガニックコットンダブルガーゼ・ブルー系ボーダー）110cm×160cm
おくるみの本体裏布、フード裏布（オーガニックコットンガーゼ・生成り）82cm×110cm
0.7cm幅のバイアステープ（ベージュ系ストライプ）約105cm
1.2cm幅の綾テープ（生成り）168cm
1.4cm幅のレース（レーステープ・白）約14cm
フェルト（洗えるタイプ・白、黄）
25番刺しゅう糸（黒、白）

1. おくるみのフードの型紙を作る
※単位はcm

2. 布を裁つ　※布は指定以外、縫い代を1cmつけて裁つ

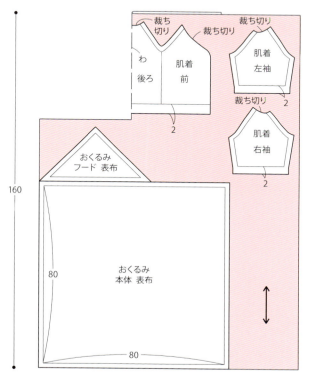

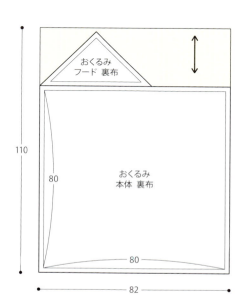

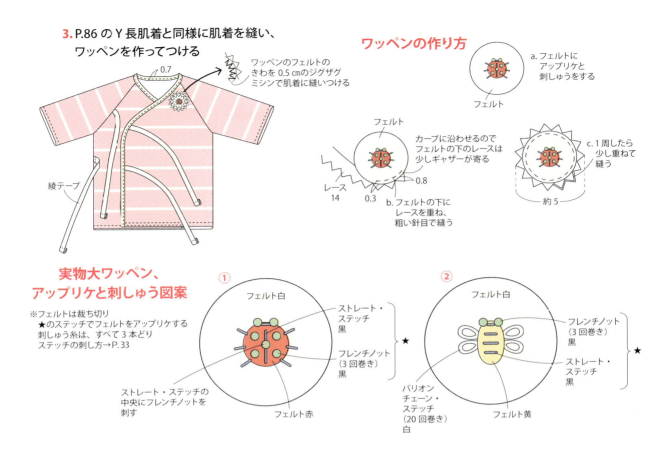

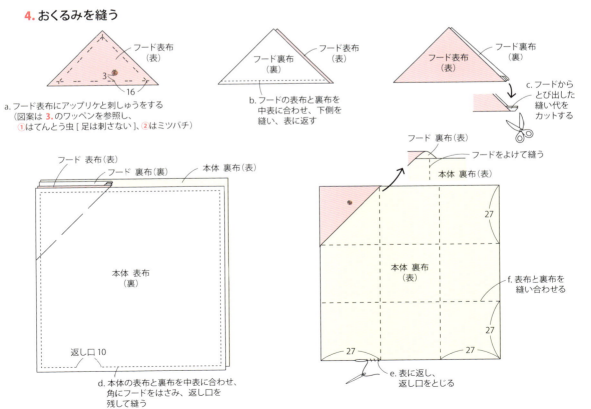

75

W

おくるみ2種

女の子にはピンクで大好きなバレエシューズやリボンなどを、
男の子には真っ白な生地に王冠や雪の結晶を刺しゅうします。
ベビーカーのブランケットにも使えるので、
季節によって素材をかえて作っても。

Design ～ 大角羊子　How to make ～ P.78

W おくるみ2種

Photo～ P.76・77　Pattern～ 実物大型紙B面　Size～ 70cm×70cm（①フリル、②山道テープを除く）

①材料
本体表布、フード表布（ガーゼ・サーモンピンク）102cm×72cm
本体裏布、フード裏布（ガーゼ・生成り）102cm×72cm
バイアス布（木綿・花柄プリント）90cm×60cm
接着芯100cm×144cm
0.7cm幅のリボン（ピンク）約68cm
25番刺しゅう糸（ピンク）

②材料
本体裏布、フード表布、フード裏布（ガーゼ・白）102cm×72cm
本体表布（リネン・白）85cm×85cm
接着芯100cm×72cm
0.7cm幅の山道テープ（白）約320cm
25番刺しゅう糸（水色）
手芸用ラメ糸（シルバー）

※リネンは洗うと縮むので、水通し＆地直しのため、必要寸法より多めに表示しています。

②は25番刺しゅう糸と写真の手芸用ラメ糸で刺しゅうをします。針は太めに、糸は短めにして、布に垂直に針を出し入れして摩擦を減らすと刺しやすいです。

《①の作り方》

1. 布を裁つ　※布はバイアス布以外は縫い代を1cmつけて裁つ
単位はcm

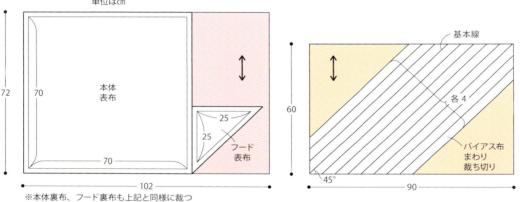

※本体裏布、フード裏布も上記と同様に裁つ

2. 接着芯をはり、刺しゅうをする　　**3. バイアス布をつなぎ合わせる**

4. フリルを作る

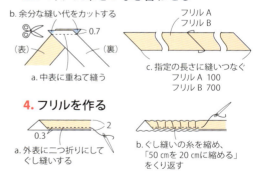

5. フードの表布に接着芯をはり、リボンをつける　　**6. フードを作る**

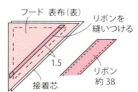

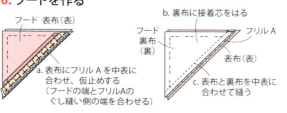

7. 仕上げる

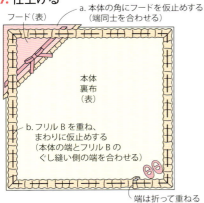

a. 本体の角にフードを仮止めする（端同士を合わせる）

b. フリルBを重ね、まわりに仮止めする（本体の端とフリルBのぐし縫い側の端を合わせる）

端は折って重ねる

c. 本体の裏布と表布を中表に合わせ、返し口を残して縫う

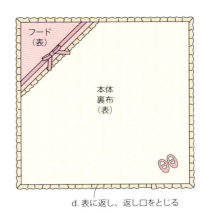

d. 表に返し、返し口をとじる

《②の作り方》

1. 本体表布のリネンを水通しする
水通し＆地直し→P.92

2. 布を裁つ
※布は縫い代を1cmつけて裁つ
単位はcm

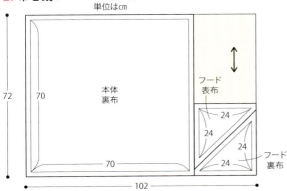

3. 接着芯をはり、刺しゅうをする

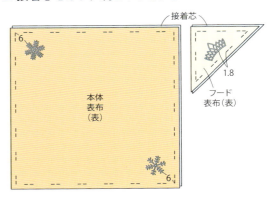

4. フードを作る

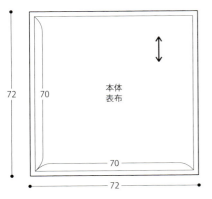 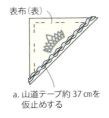 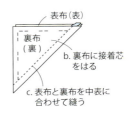 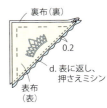

a. 山道テープ約37cmを仮止めする

b. 裏布に接着芯をはる

c. 表布と裏布を中表に合わせて縫う

d. 表に返し、押さえミシン

5. 仕上げる

a. 本体の角にフードを仮止めする

端は折って重ねる

b. 山道テープ約282cmを重ね、まわりに仮止めする

c. 本体の裏布と表布を中表に合わせ、返し口を残して縫う

25 返し口

e. 押さえミシン（フードの内側も縫う）

d. 表に返し、返し口をとじる

X

モモンガ風おくるみ

赤ちゃんの足をすっぽり入れられる足カバーをつけたおくるみ。
そのままベビーカーにも座らせることができて便利です。
フードには耳や鼻を、後ろにはしっぽや手をつけて、着ぐるみ感覚を楽しんで。

Design〜 大角羊子　How to make〜 P.82

X モモンガ風おくるみ

Photo〜 P.80・81　Pattern〜 実物大型紙B面　Size〜 幅約98cm　着丈(フード〜足カバー)約83cm

材料
本体表布、足カバー表布、フード、耳表布、しっぽ(ウールリネン・茶)102cm×140cm
本体裏布、足カバー裏布、耳裏布(起毛コットン・ベージュ)72cm×140cm
2.6cm幅のチロリアンテープ(白×花柄プリント)11cm
直径1.2cmのフェルトボール(こげ茶)1個
アップリケ用
　フェルト(洗えるタイプ・こげ茶)15cm×8cm
　糸(フェルトと同色系の25番刺しゅう糸)

1. 布を裁つ
※布は裁ち切り以外、縫い代を1cmつけて裁つ
単位はcm

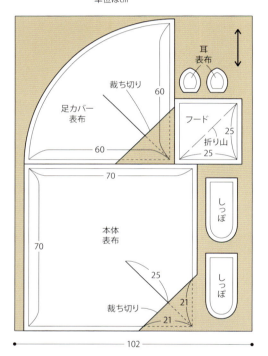
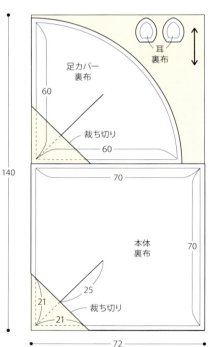

2. 耳を作る

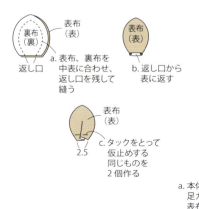

3. 表布、裏布とも本体と足カバーを縫い合わせる

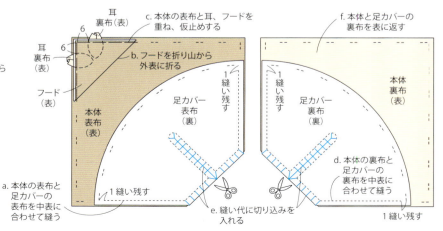

4. 表布と裏布を縫い合わせる

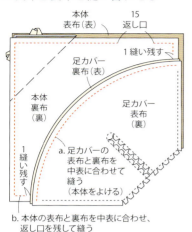

a. 足カバーの表布と裏布を中表に合わせて縫う（本体をよける）

b. 本体の表布と裏布を中表に合わせ、返し口を残して縫う

5. しっぽを作る

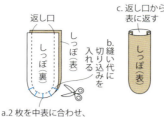

a. 2枚を中表に合わせ、返し口を残して縫う
b. 縫い代に切り込みを入れる
c. 返し口から表に返す

6. 仕上げる

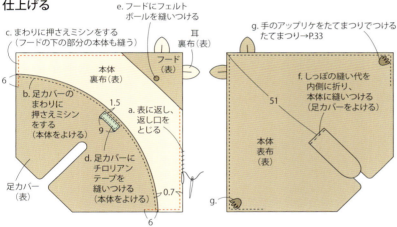

a. 表に返し、返し口をとじる
b. 足カバーのまわりに押さえミシンをする（本体をよける）
c. まわりに押さえミシンをする（フードの下の部分の本体も縫う）
d. 足カバーにチロリアンテープを縫いつける（本体をよける）
e. フードにフェルトボールを縫いつける
f. しっぽの縫い代を内側に折り、本体に縫いつける（足カバーをよける）
g. 手のアップリケをたてまつりでつける たてまつり→P.33

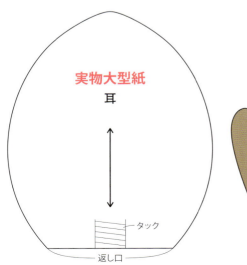

実物大型紙
耳
タック
返し口

手のアップリケ
こげ茶
対称に各1枚

ONE POINT!

型紙の使い方

縫い代や型紙の配置などは、作り方ページの「布を裁つ」を参照します。

❶ ハトロン紙にシャープペン（または鉛筆）で型紙の線を写し、合印や布目線なども写す。まわりに縫い代の線を引き、紙をカットする。

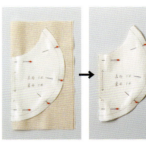

❷ 布の裏側に❶をのせ、まち針でとめる。布を「わ」にして裁つときは、布と型紙の「わ」の位置をぴったり合わせる。型紙にそって布をカットする。

❸ 型紙と布の間にチャコペーパー（片面タイプで転写面が下）をはさみ、ルレットででき上がり線をなぞる。

❹ 「わ」の場合に、反対側も同様にでき上がり線をなぞる。

Y

長肌着

P.72の短肌着の丈をのばして長肌着に。
汗っかきの赤ちゃんは、1日に何枚も着替えることがあります。
ガーゼ生地は無地からプリント柄まで豊富にあるので、
何枚も作っておくといいでしょう。

Design～ Coucou !　How to make～ P.86

Y 長肌着

Photo～ P.84・85　　Pattern～ 実物大型紙A面
Size～ 後ろ幅約27cm　着丈約43.5cm　袖丈約23.5cm

①材料
前後、右袖、左袖（オーガニックコットンダブルガーゼ・黄×オレンジ系プリント）110cm×60cm
0.7cm幅のバイアステープ（ベージュ系ストライプ）約120cm
1.2cm幅の綾テープ（生成り）168cm

②材料
前後、右袖、左袖（オーガニックコットンダブルガーゼ・ブルー系プリント）110cm×60cm
0.7cm幅のバイアステープ（ベージュ系ストライプ）約120cm
1.2cm幅の綾テープ（生成り）168cm

1. 布を裁つ
※布は指定以外、縫い代を1cmつけて裁つ
単位はcm

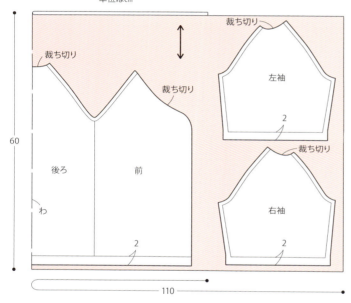

2. ひもを作る

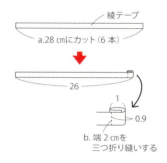

4. 袖を中表に合わせて縫う

3. 前後のすそと袖口の縫い代を三つ折り縫いする

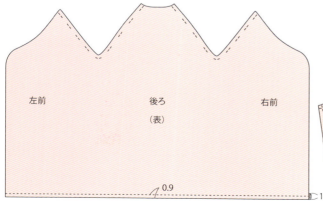

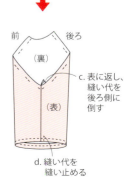

5. 右前の袖ぐりの縫い代に
ひもを仮止めする

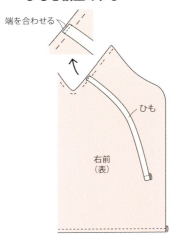

6. 前後と袖の袖ぐりを中表に合わせて縫い、
左前の袖ぐりにひもを縫いつける

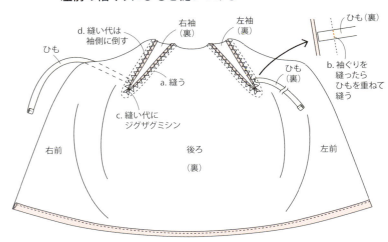

7. 5.の要領で前端3カ所にひもを
仮止めし、右わきにもひもを縫いつける

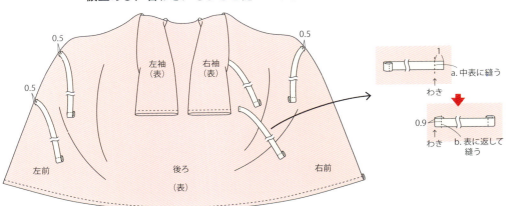

8. バイアステープで前端からえりぐりをパイピングする
パイピングB→P.95

9. でき上がり

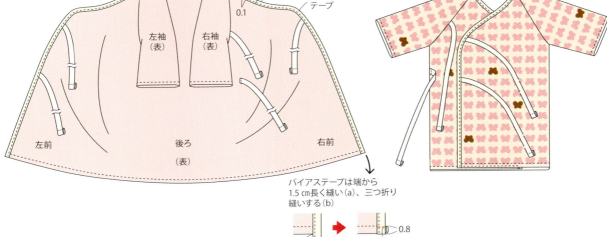

z

ベビートイ&おむつかえシート

お出かけ先で使うおむつかえシートは、
汚してもすぐふき取れるラミネートがおすすめです。
お気に入りのガラガラやにぎにぎなども一緒に持ち歩けば、
おむつかえもラクラク！
ネズミには鈴を、ネコの手には押し笛を入れています。

Design〜 大角羊子
How to make〜 ベビートイ P.90　おむつかえシート P.89

おむつかえシートは、クルクルと巻いてひもでとめてバッグに。

押すとピュッ、ピュッと音が。
赤ちゃんの初めてのおもちゃに。

Z ベビートイ&おむつかえシート
Photo ~ P.88

おむつかえシート

Size~ 幅30cm　長さ68cm
材料　★型紙なし
前布〈下〉、後ろ布(ラミネート・グレーに白の葉柄プリント)64cm×70cm
前布〈上〉(起毛コットン・淡茶)32cm×22cm
直径約1.5cmのボタン(リス型・赤茶、こげ茶)各1個
直径1mmのコード(白)45cm
25番刺しゅう糸(ブルー、こげ茶、ベージュ)

1. 布を裁つ
※布は縫い代を1cmつけて裁つ
単位はcm

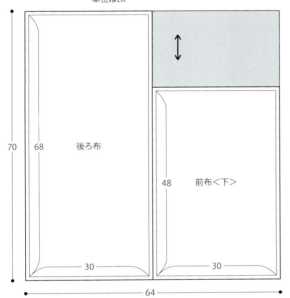

実物大刺しゅう図案
刺しゅう糸は、すべて2本どり
ステッチの刺し方→P.33

2. 前布〈上〉に刺しゅうをする

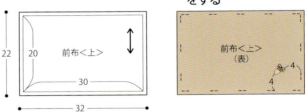

3. 前布の〈上〉と〈下〉を縫い合わせる

4. コードをつける

5. 前布、後ろ布を縫い合わせる

6. 仕上げる

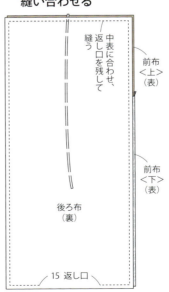

a. 表に返し、返し口をとじる
b. 押さえミシン
c. 中央にボタンをつける
d. コードをボタンに通して結ぶ
e. コードの先をひと結びする

ベビートイ（ウマ）

Pattern〜 実物大型紙B面
Size〜 高さ約12cm

材料
本体（起毛コットン・淡茶）34cm×16cm
チロリアンテープ
　A　1.2cm 幅（ベージュ×赤のリンゴ柄）約7cm
　B　1.5cm 幅（黒×赤のウマ柄）約6cm
　C　1cm 幅（白×黒の花柄）約6cm
　D　2.2cm 幅（赤系花柄）約15cm
リボン
　A　0.6cm 幅（ピンク）約6cm
　B　0.6cm 幅（水色）約9cm
　C　0.6cm 幅（ブルー）約9cm
化繊綿少々

おもちゃに入れる押し笛や鈴。押し笛は洗うと音が出なくなることがあるので、汚れた部分だけを手洗いしましょう。鈴は洗えるプラスチック製です。

1. 布を裁つ

※布は縫い代を1cmつけて裁つ
単位はcm

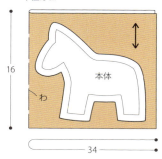

2. 本体2枚を縫い合わせる

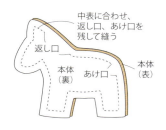

3. 表に返して綿をつめる

4. 返し口とあけ口にチロリアンテープ、リボンをはさんでとじる

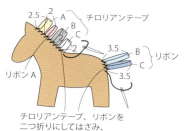

5. 胴にチロリアンテープDを縫いつける

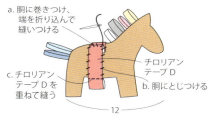

ベビートイ（ネコの手）

Pattern〜 実物大型紙B面
Size〜 約7.5cm×13.5cm

材料
本体（起毛コットン・淡茶）24cm×18cm
厚手のビニール（カシャカシャ音のするもの、
　またはお菓子の袋など）12cm×18cm
1cm 幅のリボン（茶×ベージュの水玉）約22cm
押し笛1個
アップリケ用
　フェルト（洗えるタイプ・オレンジ）7cm×6cm
　糸（フェルトと同色系の25番刺しゅう糸）
化繊綿少々

1. 布を裁つ

※布は縫い代を1cmつけて裁つ
単位はcm

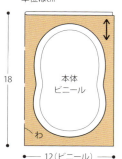

2. 以降はP.91に続く

2. リボンとアップリケをつける

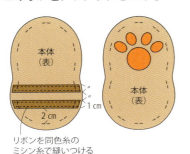

リボンを同色糸の
ミシン糸で縫いつける

3. 本体2枚を縫い合わせる

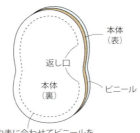

中表に合わせてビニールを
下に重ね、返し口を残して縫う

4. 綿と押し笛を入れる

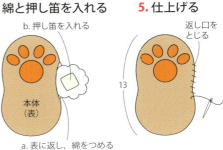

b. 押し笛を入れる
a. 表に返し、綿をつめる

5. 仕上げる

返し口を
とじる

ベビートイ（ネズミ）

Pattern〜 実物大型紙B面
Size〜 体長約11cm

材料
本体、底、耳（起毛コットン・淡茶）38cm×22cm
鈴1個
直径4mmの綿ロープ（赤×白）10cm
アップリケ用
　0.7cm幅の山道テープ（ブルー、ピンク、黄、こげ茶）各約15cm
　糸（山道テープと同色系の25番刺しゅう糸）
刺しゅう用
　25番刺しゅう糸（チャコールグレー）
化繊綿少々

1. 布を裁つ

※布は縫い代を1cmつけて裁つ
単位はcm

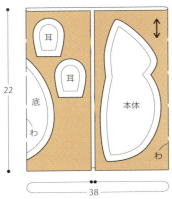

2. 耳2枚を縫い合わせる

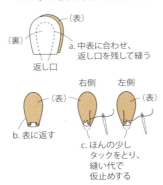

a. 中表に合わせ、返し口を残して縫う
b. 表に返す
c. ほんの少しタックをとり、縫い代で仮止めする

3. 本体に耳をつける

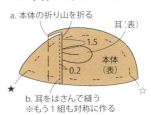

a. 本体の折り山を折る
b. 耳をはさんで縫う
※もう1組も対称に作る

4. 本体2枚を縫い合わせる

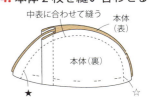

中表に合わせて縫う

5. 底に綿ロープを仮止めする

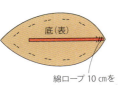

綿ロープ10cmを縫い代に仮止めする

6. 本体と底を縫う

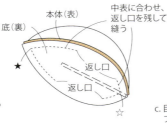

中表に合わせ、返し口を残して縫う

7. 仕上げる

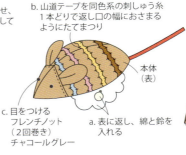

b. 山道テープを同色系の刺しゅう糸
1本どりで返し口の幅におさまる
ようにたてまつり

c. 目をつける
フレンチノット
（2回巻き）
チャコールグレー

たてまつり、ステッチの刺し方→P.33

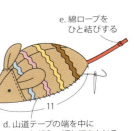

e. 綿ロープを
ひと結びする

a. 表に返し、綿と鈴を入れる

d. 山道テープの端を中に入れながら、返し口をとじる

作り始める前に

布、道具、テクニックなど、ソーイングに必要なことを紹介しています。

布について

どんな布があるか、知っておきましょう。

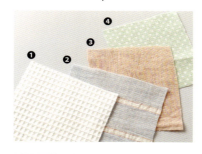

❶ ワッフル地
凹凸のあるマス目模様が特徴。洗うと縮むので、水通し&地直しをしてから裁断する。

❷ オーガニックコットンダブルガーゼ
農薬も化学薬品も使わずに作ったもの。肌への刺激も少ない。

❸ ❹ ガーゼ
織り目が粗く、通気性がよい布。

❺ リネン(麻)
洗うと縮むことがあるので、水通し&地直しをしてから裁断する。

❻ ハーフリネン
麻と綿を混紡させた布。それぞれの良さを生かし、麻100%の布よりもやわらかな風合い。

❼ 起毛コットン
表面に起毛を施した木綿。

❽〜❿ 木綿(コットン)
薄地から厚地まであり、無地、チェック、ストライプ、プリントなど種類も豊富。

⓫ ジャージー
編んで作っているニット地。伸縮性があるので専用のミシン糸やミシン針を使う。

⓬ ウールリネン
ウールとリネンで作った布。

⓭ ネル
フランネルの略称で、片面または両面を起毛した布。軽くて、あたたかい。

⓮ ボア
ヒツジの毛のように、保温性が高い布。

⓯ ファー
フェイクファーを植毛して作られている布が多い。毛足は短いものから長いものなどさまざま。

⓰ ラミネート
布にラミネート加工(ビニールコーティング)を施したもの。ツヤあり、ツヤなしがある。

⓱ ナイロン地
ナイロン素材で、適度な厚みとハリがある布。

⓲ レース地
木綿やリネン、ポリエステルなど、素材もいろいろ。写真のように、布幅がスカラップに縁取られ、そのまま使えるものもある。

布を裁つ前に

ゆがみや縮みが生じる素材は、水通しや地直しをしてから裁断します。
購入するときに、お店の人に聞いておくと安心です。
※ここではコットンやリネンの場合を紹介しています。

水通し&地直し

布を水につけておき、軽く水を切って陰干しにします。生乾きのうちに、裏側からアイロンをかけます。布目がわかりにくいときは、布端に近いよこ糸を1本抜き、抜けた線にそって布端を切りそろえ、その布端と耳が直角になるようにします。アイロンは斜めに動かさず、たて地、よこ地にそってかけます。

押し洗いするようにして、布にしっかり水をしみこませる。水につけている時間は、布によって1時間〜1日。様子を見ながら行う。

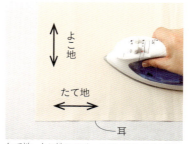

たて地、よこ地にスチームアイロンをかけて、布目を整える。ワッフル地のように表面に凹凸のある布は、アイロンは浮かし気味に。

ソーイングに必要な道具と用具

型紙、アップリケ、刺しゅうに
型紙の使い方はP.83、図案の写し方はP.63を参照

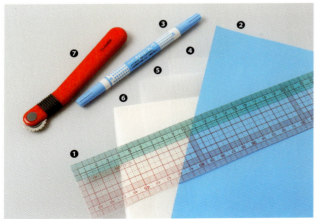

❶ **方眼定規**
型紙を写す、縫い代の線を平行に引く。
❷ **チャコペーパー**
印つけや図案を写す。
❸ **チャコペン**
布に直接印をつける。水をつけると消えるタイプがおすすめ。
❹ **セロファン紙**
図案を布に写す。
❺ **トレーシングペーパー**
図案を写す。
❻ **ハトロン紙**
型紙を写す。
❼ **ルレット**（ヘラでもよい）
チャコペーパーで布に型紙を写す。

そのほかに、シャープペンまたは鉛筆、はさみ（紙を切る）、まち針など

縫うときに

❶ **ミシン**
直線縫い、ジグザグ縫い、ボタンホールが縫えるものが最適。
❷ **アイロン・アイロン台**
縫い代を割る、布を表に返すなど、アイロンはひんぱんに使う。スチームつき（霧吹きでもよい）。
❸ **ミシン糸・手縫い糸**
布によって太さ（番手）や素材を使い分ける。
❹ **ミシン針・手縫い針**
ミシン糸、手縫い糸の太さに合わせて用意する。
❺ **まち針・仮どめクリップ**
布の仮どめに。仮どめクリップの使い方は、P.29を参照。
❻ **布切りはさみ・糸切りはさみ**
どちらも自分の手に合うものを。

そのほかに、メジャー、定規など

必要に応じてそろえるもの

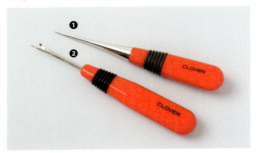

❶ **目打ち** P.25のスナップボタンをつけるときに使う。そのほかに、布の角を出す、縫い目をほどく、ミシンの布送りにも。
❷ **リッパー** P.67のボタン穴をあけるときに使う。そのほかに、縫い目をほどくときにも。

接着芯、キルト芯について
必要に応じて用意します。

❶ **接着芯** 布に張りを持たせて型くずれを防いだり、布の伸びどめや補強に。布に合わせた厚みのものを使い、一般的には片面に接着剤がついていて、アイロンの熱で接着する。アイロンは滑らさず、1カ所押さえたら、アイロンを持ち上げて次の場所に移すように。
❷ **キルト芯** 表布と裏布の間に入れる中綿のこと。厚みもいろいろあり、用途によって使い分ける。接着タイプは、はると縮むことがあるので、試してから使うように。

> 縫うときのポイント

ミシンや手縫いで縫うときの基本的なことを知っておきましょう。わかりやすいように、赤い糸で解説しています。

《ミシン》

縫い始め、縫い終わり
どちらも返し縫いレバー（またはボタン）で何針か縫い重ね、ほつれるのを防ぐ。

縫い代を割る
縫い目の部分で2枚の縫い代を左右に開き、アイロンで押さえる。

縫い代を片返しする
縫い目の部分で2枚の縫い代を片側に倒し、アイロンで押さえる。

縫い代の始末
布端に合わせてジグザグミシンをかけ、ほつれないようにする（あればロックミシンでも可）。

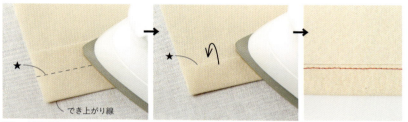

三つ折り縫い
でき上がり線にそって縫い代を折り、アイロンをかけたら、さらに縫い代の半分を内側に折り込み、ミシンで縫う。

《手縫い》

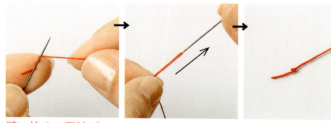

縫い始めの玉結び
針に糸を2、3回巻き、巻いたところを指で押さえて針を抜く。

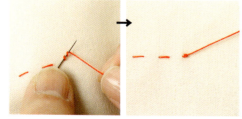

縫い終わりの玉どめ
布の裏側で縫い終わりの位置に針を当て、糸を2、3回巻く。縫い始めの玉結びと同様に、巻いたところを指で押さえて針を抜く。

まつり縫い
表布の織り糸を1、2本すくい、折り山のすぐ下をすくう。縫い目が斜めに出る。

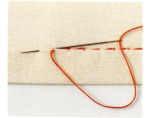

たてまつり
まつり縫いの要領で、折り山に出した糸の真上の表布をすくう。縫い目は折り山と垂直になる。

まつり縫い、たてまつりの表側
どちらも縫い目は目立たない。

返し口をとじる
たてまつりの要領で、針は手前から向こう側に入れてとじる。

パイピング

バイアステープで布端をくるみ、ほつれないようにすることをパイピングといいます。この本ではA〜Cの方法でパイピングをしています。バイアステープは布から作ることができますが、市販のバイアステープがあれば、すぐにパイピングを始められます。①の写真のように、テープには両折りタイプと縁どりタイプがあります（両折りタイプを半分に折ると縁どりタイプと同じになる）。②の写真のように、幅、素材、柄ものなど豊富にあります。

※布からバイアステープを作る方法は、P.49を参照

パイピングA　　基本的なパイピングの仕方です。

1 布の裏側で、布とバイアステープの端を合わせてまち針でとめ、テープの折り目のところを縫う。

2 アイロンでバイアステープを表に返す。

3 布を表側にし、1の縫い目にバイアステープを重ね、まち針でとめて縫う。

手縫いで裏側にまつる

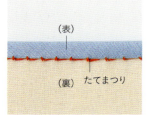

Aはすべてミシンで縫いますが、3で縫うのが難しいときに手縫いでまつってもかまいません。そのときは、Aの1を縫うときに布の表側でバイアステープを縫いつけ、裏側でたてまつり（P.94参照）をします。

パイピングB　　バイアステープで、パイピングとひもを作る方法です。

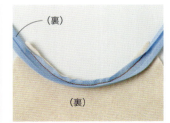
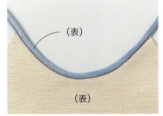

1 ひもにする分をよけて、パイピングAの1と同様にパイピングをする。布がカーブしているところは、まち針の間隔をせばめる。

2 バイアステープが縫えたところ。

3 バイアステープをアイロンで表に返し、布の表側で縫うときに、ひもの部分も一緒に縫う。

パイピングC　　布の周囲をパイピングするときの方法です。

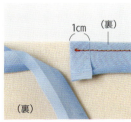

1 バイアステープの端を1cm折り、パイピングAと同様に折り目のところで縫う。

2 ぐるりと1周縫い、縫い終わりは1の端に重ねる。

3 バイアステープをアイロンで表に返す（あとはパイピングAの3と同様に縫う）。

パイピングに慣れたら

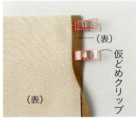

縁どりタイプのバイアステープで、布端をくるんでまち針（とめにくいときは、写真の仮どめクリップでも）でとめ、布の表側から縫います。カーブにパイピングをするときは、アイロンでカーブに合わせてバイアステープの形を整えてから布端をくるみます。

作家

大角羊子
保育の仕事や子育て中、子どもとの触れ合いで生まれた発想を基に、絶えず手仕事に関わる。「hitsuji*co」としてイベントや教室、本や雑誌の寄稿、販売などを行う。
仲間と「ちいさな手仕事やさん"つみつみ"」を立ち上げ、活動中。
blog　http://psalm2301.exblog.jp/

白駒さやか
小物制作やラッピング提案、カフェの装飾等を得意とし、
「ちいさな手仕事やさん"つみつみ"」のメンバーとして活動中。

Coucou !
文化服装学院卒業後、(株)ジュンアシダに入社。
PPCMレディースパタンナーを経て渡仏。
帰国後2004年Coucou!を立ち上げ、同時にフリーランスパタンナーへ。
2012年から型紙販売サイトMa robeも開始。
Coucou! HP　　　http://coucou.jp
Ma robe HP　　 http://marobe-site.com

Staff

ブックデザイン… 堀江京子(netz)
撮影… 三好宣弘
プロセス撮影… 中辻 渉
スタイリング… 絵内友美
モデル… 尾崎 光　竹本響介　和田アリス
作り方イラスト… 米谷早織
パターントレース… 安藤デザイン
校正…木串かつこ
編集… 岡野とよ子(Little Bird)
編集デスク… 川上裕子(成美堂出版編集部)

尾崎 光
(6カ月 67cm 7kg)

竹本響介
(4カ月 65cm 7.5kg)

和田アリス
(10カ月 70cm 8kg)

まいにちかわいい 赤ちゃんの小物

編 者　リトルバード
発行者　深見公子
発行所　成美堂出版
　　　　〒162-8445　東京都新宿区新小川町1-7
　　　　電話(03)5206-8151　FAX(03)5206-8159
印 刷　共同印刷株式会社

©SEIBIDO SHUPPAN 2016　PRINTED IN JAPAN
ISBN978-4-415-32164-6
落丁・乱丁などの不良本はお取り替えします
定価はカバーに表示してあります

●本書および本書の付属物を無断で複写、複製(コピー)、引用することは著作権法上での例外を除き禁じられています。また代行業者等の第三者に依頼してスキャンやデジタル化することは、たとえ個人や家庭内の利用であっても一切認められておりません。